포스트
코로나
마케팅,
실무자에게
길을 묻다

포스트 코로나 마케팅, 실무자에게 길을 묻다

지은이 조연진, 박수영, 박대식, 성준현, 이보원
펴낸이 임상진
펴낸곳 (주)넥서스

초판 1쇄 발행 2022년 3월 5일
초판 3쇄 발행 2022년 5월 27일

출판신고 1992년 4월 3일 제311-2002-2호
10880 경기도 파주시 지목로 5 (신촌동)
Tel (02)330-5500 Fax (02)330-5555

ISBN 979-11-6683-210-9 03320

www.nexusbook.com

AFTER
COVID—19
MARKETING

MZ

조연진, 박수웅, 박대식, 성준환, 이브원 지음

포스트
코로나
마케팅,
실무자에게
길을 묻다

넥서스BIZ

이 시대의
모든 마케터들에게

포스트 코로나 마케팅
어떻게 해야 할까?

코로나19는 일상생활은 물론 소비자의 소비 패턴과 기업 시스템 전반에 변화를 가져왔다. 코로나는 무엇을 바꿔 놓았을까? 앞으로 우리가 주목해야 할 마케팅 이슈는 무엇이며 기업의 마케팅 전략은 어떻게 달라져야 할까?

포스트 코로나 시대, 소비자 취향 저격 전략

포스트 코로나 시대에 주목해야 할 마케팅 이슈는 홈테크니스, 중고거래, 메타버스 세 가지로 요약할 수 있다.

첫째, 코로나19 이후 건강에 대한 관심 증가와 더불어 가정에서 여가를 즐길 수 있는 방법을 찾게 되면서 피트니스 시장이 가파르게 성장하고 있다. 특히 IT기술을 융합한 최첨단 운동기기들이 시장에 출시되면서 이른바 홈테크니스(홈+테크놀로지+피트니스) 트렌드가 자리를 잡고 있다. 피트니스를 위한 홈 스마트 기기, 홈트 영상 콘텐츠,

홈트 라이브 방송 서비스, 홈트 서비스 기능을 탑재한 가전제품이 등장했다. 코로나 이후 건강에 대한 MZ세대의 관심이 높아지면서, 기업은 젊은 세대의 관심을 유발할 수 있는 마케팅 기법과 전략을 수립 및 집행하고 있다.

둘째, 과거의 중고거래는 단순히 알뜰소비, 절약소비로 여겨졌으나 현재의 중고거래는 MZ세대를 중심으로 경제적 이득과 더불어 환경적 가치를 추구하는 하나의 문화로 자리 잡으면서 그 성격이 변화하고 있다. MZ세대가 인식하는 중고거래는 그들에게 어떠한 의미이며, 향후 어떠한 변화로 이어질까? 국내외 기업들이 신제품 판매와 더불어 중고거래 사업 진출을 결정하면서 기존제품 시장과의 자기시장잠식(Market Cannibalization)에 대한 우려가 있었다. 현재 중고거래 기업은 그들의 고민을 해결하는 동시에 중고제품을 거래하면서 고객이 느끼는 불안감과 불편을 해소시킬 수 있는 방안을 모색하고 있다.

셋째, 3차원 가상세계를 의미하는 메타버스(Metaverse)는 MZ세대가 추구하고자 하는 가치를 표현할 수 있는 수단이라는 점에서 MZ세대와 매우 닮아 있다. MZ세대가 왜 메타버스에 열광하는지에 대한 이유는 향후 메타버스 플랫폼이 나아갈 방향을 제시해준다. 메타버스를 통해 기업들은 브랜드 인지도를 높이는 동시에 기업의 경영철학과 브랜드 정체성을 알리고 있다. 기업들은 고객과의 공동창조

(Co-creation)는 물론 고객 간의 상호작용을 통해 새로운 고객을 유입하는 수단으로 메타버스를 활용하고 있다.

포스트 코로나 시대, 식품 마케팅 생존 전략

파트 2에서는 실무자의 눈으로 분야별 마케팅 트렌드에 대해 알아보고자 한다. 코로나로 인해 생긴 가장 큰 변화는 일상의 생활 동선과 습관의 변화다. 이로 인해 업무적 또는 개인적 생활의 변화가 생겼고, 배달서비스와 같이 성장하는 분야와 B2B 마케팅처럼 활동에 제약이 생긴 분야가 발생했다.

식품은 전통적으로 가장 변화가 적은 분야다. 1970년 해태제과(현재 해태아이스크림)가 선보인 부라보콘은 50년이 지난 현재까지 약 48억 개의 판매고를 올리고 있으며, 국내 최장수 아이스크림 브랜드로 기네스북에 등재됐다. 50년이 넘는 긴 세월 동안 살아가는 환경은 끊임없이 변화했지만, 소비자의 입맛은 변하지 않은 것이다.

하지만 코로나19로 인한 재택근무와 온라인 수업으로 인해 일상에 큰 변화가 생겼고, 당연히 식습관에도 변화가 생겼다. 학교가 아닌 집에서 수업을 듣고 점심을 먹는 학생들, 카페가 아닌 팥빙수를 배달해 집에서 먹는 사람들이 생겨났다. 사람들의 입맛은 바뀌지 않았지만 삶을 살아가는 방식의 변화에 따라 먹는 장소와 방법이 달라진 것이다. 이러한 변화는 마케터에게 위기이자 기회이지 않을까?

포스트 코로나 시대, 매장 생존 전략

오프라인 매장은 어떻게 변화했을까? 자영업자 비율이 높은 한국 시장에서 많은 이들이 관심 갖는 분야가 아닐까 생각된다.

코로나19라는 '팬데믹'(pandemic; 전염병의 대유행)을 마주하며 비대면 채널의 강한 도전을 받았고, 훨씬 복잡하고 까다로운 고객의 입장에서 오프라인 매장뿐만 아니라 온라인상의 이커머스(e-Commerce), 모바일을 통한 엠커머스(m-Commerce) 등 다양한 플랫폼에서 상품 구매가 가능한 환경이 조성되었다. 휴대폰으로 인스타그램 피드를 보다가 관심 있는 해시태그를 타고 떠돌 수도 있고, 사무실에서 일하다 갑자기 갖고 싶은 물건이 생각나면 인터넷으로 검색할 수도 있다. 또한 퇴근 후 상품을 직접 확인하러 오프라인 매장으로 갈 수도 있다.

오프라인과 온라인의 경계가 코로나19로 인해 빠르게 모호해지는 상황에서 온·오프라인 경계를 허무는 콘텐츠와 새로운 것의 조화를 살펴본다. 또한 단골 고객의 마음속 포지셔닝을 어떻게 해야 할지에 대한 전략을 제시해보고자 한다.

첫 번째로 매장의 본질에 집중해 살아남은 동네책방이 책 이외 차별화된 콘텐츠 제공과 온라인을 통한 소통으로 생존한 전략을 살펴본다. 두 번째는 일상을 파고들고 있는 무인매장이 코로나19 영향에 따른 비대면 소비 증가와 인건비 부담, AI와 ICT 기술발전으로 식당, 카페, 편의점, 정육점 등 업계 전반으로 빠르게 확대되는 상황과 이러한 무인매장의 숨은 마케팅 비밀을 담았다. 세 번째로 매장 생존의 대세 고객이 된 MZ세대에게 합리적 소비로 구매 대신 구독서비스가 각광받고 있는 현상과 장단점 그리고 향후 전망을 다루었다.

마지막으로 변화에 적응하며 살아남기 위해 매장과 고객의 본질을 정확히 읽어낼 수 있는 오프라인 카리스마는 결국 온·오프라인 경계를 허무는 O4O 서비스를 통한 킬러 콘텐츠와 새로운 것의 조화라는 점을 밝히며, 단골 고객의 마음속 포지셔닝을 어떻게 해야 할지를 제시하였다.

포스트 코로나 시대, 새로운 마케팅 구조를 만드는 전략

실제 마케터들이 소비자와 소통하는 마케팅 채널은 어떻게 변화했을까? 코로나19가 종식된 이후에는 우리가 알고 있던 마케팅 방식 그리고 소통하는 채널로 그대로 돌아가게 될까? 우리는 포스트 코로나 시대의 새로운 마케팅 구조를 만드는 전략을 제시하고자 한다.

1단계로, 공간과 시간에 집착하던 마케팅은 잊어야 한다. 오프라인 매장에서 줄어든 매출은 라이브커머스로 대체되고 있다. 2단계, 마케팅 역시 '거리두기'에서 답을 찾아야 한다. 사회적 거리두기의 불편함을 재미나게 풀었던 사례와 드라이브스루를 통한 체험 마케팅 변화에서 해답을 찾아야 한다. 3단계, 고객에게 관심 받는 마케팅 방법을 제시하고 있다. 내 브랜드에게 친구를 만들어주는 컬래버레이션과 선을 넘은 사례, 반대로 선을 지키는 사례도 함께 언급하였다. 마지막으로 고객이 구매를 하는 중요한 기준의 변화를 알아보고 상품과 브랜드에 어떻게 적용을 해야 하는지 살펴본다.

포스트 코로나 B2B 마케팅, 이끌거나 따르거나 떠나거나

최근 많은 기업이 B2B 시장에 관심을 확대하고 있다. 대형 고객을 확보할 경우, 별도의 마케팅 활동 없이 안정적인 매출과 영업이익을 확보할 수 있기 때문이다. 하지만 대면 활동이 제약된 현 상황에서 실무자는 어떠한 고민을 안고 있을까? 또한 어떤 방향으로 마케팅 활동을 전개해 나가야 할까? 주목은 받고 있지만 쉽게 접근하기 힘들었던 B2B 마케팅 분야에 대해서도 심도 있게 다루어보고자 한다.

Part 2

보수적인 식품 시장의 변화
: 포스트 코로나 식품 마케팅 생존 전략

Part 3

고객과 함께 끊임없이 진화하는 매장
: 포스트 코로나 매장 생존 전략

Part 4

사라지는 우리가 알던 마케팅

: 포스트 코로나 시대, 새로운 마케팅 구조를 만드는 전략

Part 5

이제는 꼰대를 벗어날 때, B2B 마케팅
: 포스트 코로나 B2B 마케팅, 이끌거나 따르거나 떠나거나

PART 1

팔리는 것들의 축의 전환

포스트 코로나 시대의
소비자 취향 저격 전략

세계적인 석학들은 세계 경제의 질서는 코로나 이전(B.C.; Before Corona)과 코로나 이후(A.C.; After Corona)로 구분될 것이라고 예측한다. 2020년 3월 뉴욕 타임즈 칼럼니스트 토머스 프리드먼(Thomas Friedman)은 '역사의 새로운 경계 : 코로나 이전과 이후(Our New Historical Divide : B.C. and A.C.)'라는 칼럼에서 "코로나 이후 어떤 변화가 닥칠지 예견할 수 없지만, 세계는 지금까지 우리가 알았던 것과는 무척이나 다른 모습일 것"이라고 말했다. 시장과 고객의 변화, 그리고 그것이 새로운 비즈니스 모델로의 전환으로 이어지려면, 기업은 어떠한 준비를 해야 할까?

본 파트에서는 코로나19 팬데믹 사태로 달라진 비즈니스 환경 변화와 더불어 앞으로 포스트 코로나 시대의 마케팅 트렌드에 대해 살펴본다.

피트니스 시장의 변화에
향후 마케팅의 답이 있다

코로나19 이전부터 피트니스 시장은 꾸준히 성장해왔다. 그리고 코로나 이후 건강에 대한 관심 증가와 더불어 가정에서 여가를 즐길 수 있는 방법을 찾게 되면서 피트니스 시장은 더욱 가파르게 발전해가고 있다.

코로나19를 지나며 나타난 가장 큰 변화 중 하나는 운동에 대한 인식 변화와 운동을 소비하는 방식이 달라졌다는 것이다. 2020년 건강한 삶과 운동에 대한 한국인 인식조사결과는 다음과 같다. 성인 10명 중 9명이 운동을 하고 있으며, 집에서 운동을 하고 있다고 응답한 사람이 전체 설문대상자 중 44.5%이다. 그리고 유튜브를 보며 홈트를 하는 비율은 62.9%, 향후 홈트 지속 의향도는 전체 응답자 중 87.2%였다. 이처럼 코로나19로 많은 사람들이 운동을 일상이자 여가활동으로 여기면서, 스포츠용품 및 관련 콘텐츠가 크게 성장했다.

코로나 사태로 인해 패션산업은 큰 타격을 받았지만, 건강에 대한 관심이 커지면서 스포츠의류를 포함한 스포츠용품 시장은 다른 시장에 비해 빠른 회복세를 보이고 있다. 맥킨지(Mckinsey) 2020년 보고서에 따르면 코로나19사태로 의류 부문 매출이 55% 감소한 데 비해 스포츠 용품은 29% 감소로 매출 하락세를 보였다. 이는 코로나19로 인해 집에 머물러 있는 시간이 길어지면서 집에서 편하게 입을 수 있는 애슬레저(athleisure) 룩 스타일의 원마일 웨어(one-mile wear)의 인기와 더불어 생활 속에서 지속적으로 운동을 이어가기 위한 홈트 트렌드가 그 요인으로 해석된다.

홈 테크니스 트렌드의 부상 :
애플, 삼성전자

최근에는 최첨단 기술이 접목된 운동기기와 맞춤형 콘텐츠가 등장하면서, 이른바 홈테크니스(홈+테크놀로지+피트니스)라는 진화된 홈트 트렌드로 변화가 일고 있다. IT기술을 융합한 최첨단 운동기기들이 시장에 출시되고 있다. 집에서 가능한 스마트 펀치백, 스마트 사이클, 스마트 훌라후프, 스마트 요가 등 다양한 IT기술이 접목된 스포츠 용품이 출시되면서 스마트홈 시장은 빠르게 진화해 가고 있다. 그중 스마트 헬스케어 시장에서 가장 크게 활약 중인 기기는 스마트 미러다. 스마트 미러의 스크린은 자신이 운동하는 모습이 비춰지는 거울이자 퍼스널 트레이너와 소통하고 자세를 교정 받을 수 있는 모니터로 사용되고 있다. 이렇게 수행된 사용자의 근력 운동 기록을 데이터화하고 분석하여 최적화된 운동 프로그램을 제공하기 때문에 퍼스널 트레이너와 대면하지 않고도 최대 효율을 끌어낼 수 있다.

● 스마트 헬스케어 시장의 폭발적인 성장 - 스마트워치

스마트홈 피트니스의 수요 증가와 함께 웨어러블 디바이스 시장도 성장하고 있다. 웨어러블 시장에서 가장 가파른 상승세를 보이고 있는 상품은 스마트워치다. 스마트워치는 단순한 시계가 아니다. 심장 박동, 심전도 등 건강지표를 측정하는 동시에 피트니스 트래킹 기능을 갖고 있다. 이러한 기능은 집에서 운동하며 스마트워치로 운동량을 기록하고 칼로리를 계산하는 등 이른바 종합 건강관리 기기로 발전해 나가고 있다. 예컨대 애플은 피트니스 알림 기능을 추가 제공하고 있다. 애플 피트니스 플러스(fitness plus)를 애플워치와 연동하여 사용 가능하기 때문에, 이용 편리성과 다양한 혜택 측면에서 소비자 만족도를 높여주고 있다. 이렇듯 애플을 비롯해 삼성, 화웨이가 3파전을 치르고 있는 가운데 구글과 페이스북 또한 스마트워치를 출시하겠다고 밝혔다.

왜 구글, 페이스북 같은 빅테크 기업은 시장 진입을 하기에는 다소 늦은 감이 있는 스마트워치 시장에 뛰어드는 것일까? 헬스케어 시장의 성장 가능성과 사업성을 생각해본다면 빅테크 기업의 시장 진입이 전혀 이상한 일이 아니다. 100세 시대가 현실화되는 지금, 건강관리에 대한 수요는 계속 증가해왔다. 이미 많은 기업이 스마트폰과 웨어러블 스마트기기

스마트 미러를 활용하는 모습

를 통해 공간 제약 없이 수월하게 고객에게 헬스케어 서비스를 제공하고 있다.

스마트워치에는 수많은 피트니스 기능이 탑재되어 소비자의 이용 가능성을 높이고, 기기를 통해서 한 사람의 활동시간부터 수면시간까지 모든 일상과 관련된 생체 기반 데이터를 얻을 수 있다. 다시 말해서 스마트워치로 개인의 활동량, 수면 정보, 체중 변화, 체지방, 근육량 등 일상생활에서의 데이터, 라이프로그(Lifelog)의 정보를 수집할 수 있는 것이다. 이는 개인 삶의 패턴에 따라 향후 병의 증세나 발병 가능성이 각기 달라지므로, 고객에게 더욱 정밀한 서비스를 제공할 수 있고 개인 맞춤화된 치료가 가능하다는 이점을 가지고 있다. 현재 헬스케어 산업에 뛰어든 기업들이 개인의 라이프로그를 수집하고 관리하기 위해서 여러 방법을 모색하고 있다.

양질의 헬스 데이터는 병원, 헬스케어 업체, 소비재 기업 등 다양한 산업과 제휴서비스를 가능하게 한다. 개인의 생활패턴을 세밀하게 분석해서 초개인화 마케팅을 실행할 수 있기 때문에 앞으로의 스마트워치의 성장 가능성과 파급력은 상당할 것으로 전망하고 있다. 예컨대 한국은 전 세계적으로 유례없는 출생률 감소, 기대수명 증가 등 초고령화 사회로 빠르게 접어들었고, 현대인은 돈 없는 노후를 걱정하는 장수 리스크(Longevity risk) 상태에 놓여 있다. 머잖은 미래에 국내 보험회사들은 스마트워치를 통해서 고객의 건강상태를 즉시 확인하여, 개인화된 보험 상품이나 헬스케어 서비스를 출시하고 고객 맞춤 커뮤니케이션 수단을 활용하여 상품을 판매할 것이다.

● 홈트 영상 콘텐츠 시장

홈트 영상 콘텐츠 시장이 확대되어왔다. '2021년 홈트 2.0 : 홈테크니스 빅데이터 분석 트렌드 보고서'에 따르면, 우선 유튜브(26,554건)를 바탕으로 홈트 영상(42,229건) 콘텐츠가 활성화되고 있음을 볼 수 있다. 게임, 뷰티, 먹방에 이어 헬스 유튜버 힙으뜸, 땅끄부부 등이 유튜브 스타로 큰 인기를 얻고 있으며, 유명 스포츠 스타도 홈트 콘텐츠를 만들어서 유튜브를 통해 공유하는 데 적극 참여하고 있다. 이와 더불어 홈트 라이브 방송 서비스도 등장했다. 유명 헬스 트레이너와 영상 통화를 통해 실시간으로 자세를 피드백 받고, 비대면에서도 수강생끼리 유대감과 경쟁을 통한 운동 의지를 높일 수 있도록 챌린지 프로그램이나 랭킹시스템을 갖추고 있는 라이브 서비스가 각광을 받고 있다.

MZ세대의 특성을 반영한 마케팅 전략 : 펠로톤

홈트 콘텐츠 시장의 가장 큰 수혜자는 피트니스계의 넷플릭스라고 불리는 '펠로톤'이다. 바이크나 러닝머신과 같은 홈트 기기를 구매해 집에서 혼자 운동을 즐길 수 있을 뿐만 아니라, 유명 트레이너의 레슨을 선택하여 실시간으로 코칭을 받을 수 있다. 동시간 스트리밍 수업에 참여한 같은 레벨의 이용자와 소통하며 유대감을 강화할 수 있다. 동시에 자신의 운동 순위를 확인하며 다른 회원의 운동 상황을 살펴볼 수 있기 때문에 경쟁 심리로 동기부여를 받을 수 있다. 펠로톤은 소비자에게 집에서 편하게 운동할 수 있다는 가치를 내세워서, 홈트 기구와 구독형 온라인 강좌를 패키지로 판매하는 비즈니스 모델을 구축하였다.

이런 구독형 비즈니스 모델 개발이 코로나 팬데믹에도 불구하고 코로나 이전보다 4배나 성장할 수 있었던 이유다. 바이크, 러닝머신 등과 같은 커넥티드 피트니스 제품(Connected Fitness Products) 구독이 2021년 2분기에 이전 분기 대비 135% 증가한 167만 명을 돌파하였으며, 유료 디지털 구독도 425% 증가한 625,000건으로 보고될 만큼, 코로나 이후의 구독형 홈트 콘텐츠 시장이 지속적으로 확대될 것으로 예상해볼 수 있다.

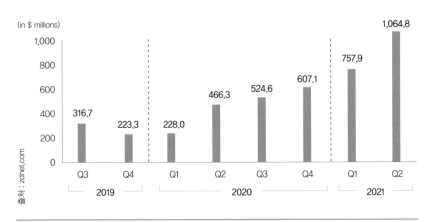

(in $ millions)

| | | | | | | | 1,064.8 |

2021년 2분기 펠로톤 커넥티드 구독자 수와 분기별 매출

출처 : zdnet.com

예컨대 애플은 펠로톤과 유사한 형태의 구독형 콘텐츠 서비스를 강화하기 위해서, 지난해 유료 구독서비스인 '피트니스 플러스'(Fitness Plus)를 출시했다. 피트니스 플러스는 애플의 독보적인 웨어러블 디바이스와 연계 가능하기 때문에 고정적인 수입을 창출할 수 있는 사업이다. 애플 피트니스 플러스는 구독서비스 가입이 독립적으로 가능하지만 다른 주요 서비스(애플 TV, 애플 뮤직, 애플 아케이드, 애플 뉴스플러스, 아이클라우드)와 함께 번들 요금제를 사용하여 기존고객의 이탈을 막고 새로운 고객을 유입시킬 전략을 펼치고 있다.

그밖에 홈트 서비스 기능을 탑재한 가전제품도 등장했다. 최근 삼성은 소비자의 라이프스타일 변화에 맞추어, 홈트영상과 자신의 모습을 동시에 보면서 운동을 할 수 있는 멀티플 기능과 자세 정확도, 운동시간, 칼로리 소모량 등도 보다 정확하게 확인할 수 있는 스마트 홈트레이닝 기능을 탑재한 제품을 출시하였다. 사용자의 설정에 따라 선호하는 운동, 운동 난이도 등을 선택할 수 있는 맞춤형 운동이 가능한 콘텐츠도 함께 제공하고 있다.

코로나 이후 건강에 대한 관심이 높아지면서, MZ세대 또한 자기계발의 일환으로 건강관리에 대한 관심이 높아지고 있다. MZ세대는 디지털 기술과 함께 자라 디지털 환경에 익숙하고, 최근 트렌드에 민감하고 이색적인 경험과 재미를 추구하는 특징을 지니고 있다. 이전 세대와는 다르게 상품 '소유'보다는 '경험'과 '공유'를 중요시하고, 남들과는 차별화된 나만의 가심비(가격 대비 성능비를 넘어 가격 대비 심리적 만족도 추구) 제품을 추구하는 성향이 강하다. 사회적 가치나 특별한 의미가 담긴 물건을 구매함으로써 자신의 신념을 표출하는 '가치소비'의 성향을 가지고 있는 MZ세대는 SNS 등 소셜 미디어를 적극 활용하고, 자신의 취향에 맞는 제품이라면 소비를 주저하지 않는다. 기업은 이러한 MZ세대의 특성을 반영하여 어떠한 마케팅 전략을 세워야 할까?

● 자신의 일상을 기록하고 공유하는 MZ세대를 잡아라

코로나 팬데믹 사태가 장기화되면서 젊은 세대가 해외여행 대신 근교에서 안전하게 운동을 즐길 수 있는 실외공간을 찾다가 선택한 것이 등산이다. 중장년층인 '아저씨', '아줌마'들의 취미생활로 여겨지던 등산이 2030세대를 중심으로 하나의 라이프스타일로 자리를 잡으면서, 일명 '아재룩' '아재패션'으로 불리며 외면 받던 등산복이 그들의 관심 대상이 되었다.

과거 아웃도어 브랜드가 제품의 기능성을 강조한 제품을 출시했다면, 이제는 자신만의 패션 감각의 실리를 추구하는 젊은 층을 대상으로 하여 제품의 변화가 필요해졌다. 아웃도어 브랜드는 2030 젊은 층의 관심을 끌기 위해 등산 제품개발부터 제품판매까지 모든 과정에 그들의 특성을 반영한 제품을 기획할 필요가 있다. 2030세대의 감성을 이해하고 그들이 어떤 아웃도어 브랜드를 선택하고 소비하는지에 대한 이해가 중심이 되어야 한다.

MZ세대는 인스타그램, 블로그 등 SNS를 통해 자신의 일상을 기록하고 공유하는 것을 즐긴다. 코로나 이전의 MZ세대를 살펴보면, 헬스장에서 아노락, 레깅스, 조기 같은 애슬레저룩 옷을 입고 운동하는 자신의 모습을 찍어 해시태그와 함께 인스타그램에 공유한다. 그것이 하나의 대화의 소재인 것이다. 코로나 이후에도 사진의 배경만 달라졌을 뿐, 2030세대의 특성이 고스란히 반영된 SNS 게시글을 종종 볼 수 있다. 등산복처럼 보이지 않는 스타일의 등산복을 뽐내며 산 정상에서 찍은 사진을 담아 인스타그램을 통해 주변 지인에게 공유하는 글을 쉽게 발견할 수 있다. 따라서 아웃도어 브랜드들은 일상복처럼 스타일을 놓치지 않으면서, 운동복처럼 편하게 활동할 수 있는 제품을 확대해 나가야 한다.

또한 기존 아웃도어 브랜드의 올드한 이미지를 탈피하기 위하여, 2030세대가 열광하는 콘텐츠를 선보일 필요가 있다. 최근 아웃도어 브랜드는 아이유, 수지, 엑소 카이 등 MZ세대에게 친숙한 아이돌 스타를 메인 모델로 기용하여 광고를 제작하고 있다. 예컨대 K2는 수지가 광고한 제품, 일명 '수지 하이킹화'로 2030세대 여성에게 폭발적인 인기를 끌었다.

광고모델 효과로 인해 매출이 500% 증가하면서 준비한 물량이 모두 소
진되어 2주 만에 광고를 중단하는 사태도 벌어졌다.

● 환경을 중시하는 MZ세대를 잡아라

환경을 중시하는 MZ세대는 기업의 진정성을 높이 평가한다. 소비자
는 친환경적인 소재, 윤리적인 생산, 기업의 윤리적인 경영 및 사회공헌
활동 등 사회적 가치를 함께 평가한다. 그들은 자신의 가치소비 신념과
더불어, 기업이 환경·사회 및 윤리적 문제에 관심을 갖고 그에 따라 행동
하기를 기대한다.

소비자의 환경에 대한 관심은 코로나 이전부터도 있었으나, 코로나
팬데믹 이후 기후에 대한 위기의식과 환경에 대한 관심이 더 가속화되었
다고 할 수 있다. 2021년 MZ세대를 대상으로 한 딜로이트의 설문조사
결과에 따르면, 밀레니얼과 Z세대는 재활용과 대중교통 이용을 늘리고
식습관을 바꾸는 등 환경에 미치는 영향을 줄이기 위해 다양한 활동을 해
나가고 있다. 팬데믹이 개인이 환경 문제에 더 많은 관심을 두게 되는 계
기가 될 것이라고 응답한 사람이 전체 응답자의 40% 정도로 높게 나타났
다. 또한 설문 응답자의 약 40% 정도가 팬데믹 이후 환경 및 기후 문제에
대한 개인 행동을 취하려는 노력이 더 커질 것이라고 답하였다. 그에 따
라 기업들은 다회용 리유저블 아이템, 쓰레기를 주워 오는 캠페인, 제품
을 재활용하는 방법을 다룬 영상 등을 생산·제작하며 친환경 기업으로
서 자리매김을 하고 있다.

패션산업 또한 소비자 및 MZ세대를 중심으로 변화하고 있다. 패션산

업은 그동안 '패스트 패션'(fast fashion)으로 인해 자원낭비 및 비윤리적인 문제가 끊임없이 대두되어왔다. 윤리적 소비에 대한 사회적 관심이 높아지면서, 유행을 좇지 않고 오랜 기간 입을 수 있는 '슬로우 패션'(slow fashion)이 등장하였다. 최근에는 소재 선정부터 제조 공정까지 옷을 만드는 모든 과정에 걸쳐 환경문제와 노동자 인권을 고려한 '컨셔스 패션'(conscious fashion)으로 지속가능한 패션 산업을 도모하고 있다.

에디티드(Edited)의 '2020년 스포츠웨어 브랜드 트렌드 보고서'에 따르면, '리사이클' 브랜드 의류가 남성복은 642%, 여성복은 388% 증가했다. 예컨대 2030세대의 대표 스포츠 브랜드 휠라(Fila)는 페트병을 수거해 제품을 만들거나 쓰레기를 재활용한 리사이클 나일론 원사로 의류, 액세서리를 개발하고 BTS를 모델로 내세워 MZ세대를 공략하고 있다.

소비자는 점점 더 환경을 의식하면서 지속가능한 생산에 투자하고 이런 활동에 자부심을 갖는 기업으로부터 재활용 제품을 구매하기 원한다. 환경과 윤리적인 소비에 경각심이 있는 젊은 세대, 즉 가치소비를 중요시하는 MZ세대에게 이런 현상은 더 두드러진다. 이것이 재활용 소재를 사용하는 액티브웨어 브랜드가 꾸준히 증가하고 있는 결과에 대한 요인이자, 기업이 '착한 기업 되기'에 나서야 하는 결정적 이유다.

실제로 2020년 리스트(Lyst)의 조사에 따르면 "지속가능한 활동복"에 대한 검색은 사상 최고로 2019년에 비해 151% 증가했다. 이제 소비자는 제품을 구입하고 소비하는 과정에서 자신의 삶과 생활 방식을 고려하여 제품구매를 고려하기 때문에, 친환경적인 방식으로 제품을 설계하고 생산하는 것이 제품 구매의 전제조건이 되었다.

성장관리 앱 그로우가 MZ세대 928명을 대상으로 한 조사에 따르면, 2030세대 10명 중 8명은 '가치소비자'이며, 기업의 ESG[환경(Environment), 사회(Social), 지배구조(Governance)] 활동 중 가장 관심을 많이 두는 분야는 환경이라고 답했다. 또한 이들 중 12.7%가 플로깅을 실천하고 있는 것으로 나타났다. 걸으면서 쓰레기를 줍는다는 의미인 '플로깅'(Plogging), 조깅하며 쓰레기를 줍는 '줍깅', 산행하면서 쓰레기를 줍는 '클린 세션' 등이 키워드로 등극하여 하나의 트렌드로 자리 잡았다. 이들은 왜 플로깅에 열광하는 것일까? SNS를 통해 환경보호 활동을 타인에게 공유하고 노하우를 전수하며 타인에게 인정받기를 원한다. 자신도 이러한 의미 있고 선한 영향력에 기여할 수 있다는 데 자부심을 느끼는 의미로 해석해볼 수 있다.

그렇다면 기업은 앞으로 지속가능한 패션에 동참하기 위해서 어떠한 마케팅 활동을 전개해 나갈 수 있을까? 버버리의 사례를 통해 살펴보자.

● 지속가능한 패션 - 버버리

2017년 영국의 대표적인 패션 브랜드 버버리는 연간 약 422억 원 규모의 자사 상표가 부착된 재고물량을 소각한 사실이 밝혀지면서 논란이 되었다. 사실 이는 고급 브랜드의 오래된 관행 중 하나다. 버버리 또한 판매되지 않은 자사 제품을 할인 판매함으로써 우려되는 하이엔드 브랜드의 희소성과 가치가 크게 훼손될 것을 우려해 이를 방지하기 위한 조치였지만 환경단체들은 거세게 반발했다. 브랜드의 희소성을 지키는 문제와 환경오염을 유발하는 브랜드 인식에 따른 브랜드 이미지 실추 문제가 양

존하는 상황에서 버버리는 어떠한 선택을 했을까?

버버리는 이에 대해 신속하고 유연하게 대응해 나갔다. 우선 버버리는 친환경 소재를 사용하여 사회적 자격을 갖춘 기업임을 증명해 보였다. 의류, 가방 등의 제품을 섬유 폐기물에서 추출한 플라스틱을 재활용해 만든 재생 나일론 에코닐(Econyl) 소재로 생산하고, 친환경 소재로 만든 제품에 지속가능성 라벨을 부착하면서 소비자 인식 개선에 힘썼다. 버버리는 필(必)환경 트렌드에 동참하면서 소비자로부터 환경을 생각하는 착한 기업으로 이미지 변신을 꾀하였다. 또한 환경을 생각하는 소비자를 겨냥하기 위한 제품을 만들고 있다. 기업의 이런 활동은 신뢰도와 선호도 등 기업의 전반적인 이미지에 긍정적인 영향을 미치고 있다. 이런 활동은 구매의도에 간접적으로 영향을 끼치지만 재고 관리에는 직접적인 영향을 주지 않는다. 그렇다면 기업의 브랜드 가치를 높이면서 재고상품을 처리하기 위해서 마케터는 어떤 방법을 활용해볼 수 있을까?

많은 패션기업이 동참하고 있는 것처럼, 마케터는 폐의류로 분류된 재고 상품을 뜯어서 그 원단으로 새로운 옷을 제작하는 업사이클링 제품을 제공함으로써 소비자에게 우리 브랜드의 새로운 인식을 심어줄 수도 있다. 그러나 여기서 버버리가 선택한 방식은 기부다. 버버리는 구직 여성에게 무료로 면접 복장을 대여하는 사회적 기업에 잔여 재고품을 기부하고 있다. 기부는 브랜드 가치를 유지하면서 환경 문제를 해결할 수 있는 방법이다.

브라운 앤 댄신(Brown and Dacin)의 연구(1997)에 따르면, 좋은 제품을 만드는 기업의 이미지나 사회공헌 활동 등 선행을 하는 기업의 이미지가 기존의 제품은 물론 소비자의 신제품에 대한 평가에도 영향을 미치는 것으로 조사되었다. 이렇듯 기부 마케팅은 기업 입장에서 환경, 사회정의, 인권 등 윤리적인 가치를 소중히 생각하는 소비자에게 어필할 수 있는 마케팅 포인트가 될 수 있을 것이다.

● 그린워싱으로 인한 기업의 위기

한편 일부 브랜드는 실제로 친환경적이지 않은 제품을 친환경적인 것처럼 둔갑하는 현상이 종종 발견되고 있다. 이른바 '위장환경주의'라고 불리는 그린워싱이다. 녹색경영을 표방하는 기업인 것처럼 홍보하여 소비자를 현혹시켜서 단기적으로 판매증진을 이룰 수 있을지 모르지만, 장기적인 관점에서는 기업에 큰 타격을 줄 수 있다. 국내 아웃도어 브랜드 블랙야크는 페트병을 재활용한 재생섬유를 의류 및 용품의 전 상품에 적용했다고 홍보하였지만, 실제로는 일부 제품에만 친환경적 경영방식이 적용되고 있었다는 사실이 밝혀지면서 그린워싱 논란이 불거졌다.

그린워싱이란 타이틀은 소비자를 실망시키고 더 분노하게 만든다. 트렌드 트랙커(Trend Tracker)에서 기업의 그린워싱 인식에 따른 소비자 태도 조사에 의하면, 소비자의 거의 3/4(71%)가량이 제품 구매를 중단하겠다고 응답했다. 또한 그중 37%는 제품 구매를 중단하는 것은 물론이거니와 해당 회사의 모든 제품을 구매하지 않겠다고 응답하였다. 예컨대 최근 이니스프리가 그린워싱 논란이 되었다. "Hello, I'm paper bottle"(안녕, 나는 종이 용기야)라고 적힌 종이 용기는 껍질일 뿐, 종이 용기를 벗기니 내부는 플라스틱으로 제작되어 있었다. 기존 제품 대비 플라스틱 사용률을 51%나 줄였지만, 소비자는 문구 'paper bottle'에 분노했다. SNS를 통해 '이니스프리불매'라는 해시태그를 달며 보이콧이 진행되기도 했다. 소비자가 기업의 그린워싱 정보를 접했을 때, 기업브랜드를 불신하게 되며 기업의 재무건정성에도 부정적인 영향을 미친다는 연구결과가 학계에 보고되고 있다. 친환경 기업이 되기 위한 노력의 일환으로, 친환경 마케팅을 어떻게 할 것인가에 대한 근시안적인 접근보다는 실제로 브랜드가 환경보호 효과를 가져올 수 있는지 원시안적인 시각으로 마케팅을 접근하는 것이 필요해 보인다.

이니스프리의 그린워싱

● '가치소비'를 중시하는 MZ세대를 잡아라

MZ세대는 브랜드가 지닌 정체성과 메시지에 공감해 제품을 구매하는 '가치소비'의 비중을 늘리면서, 확실한 정체성을 기반으로 한 라이선스 브랜드들이 선도할 것이다. 최근 브랜드가 가진 정체성과 메시지에 공감해 구매하는 소비 트렌드인 '가치소비'가 늘어나고 있다. 분명한 브랜드 가치를 반복적으로 전하는 마케팅, 기획 과정 또한 구매력을 이끄는 역할을 하고 있다. 라이선스 브랜드는 확실한 정체성을 기반으로 한 '로고플레이'로 MZ세대를 유혹한다는 특징이 있다. 해당 브랜드가 가진 특이한 '이미지'를 간접적으로나마 체험해보고 싶은 심리를 이용한 전략이다. MZ세대는 재미 추구와 동시에 다른 사람의 이목을 끌고 싶은 심리가 크기 때문에 이런 전략이 제대로 통했다. 실제 디스커버리와 내셔널지오그래픽, 코닥 등은 모두 의류와 전혀 상관없는 외국계 기업이다. 일상생활에서 찾아보기 힘든 독특한 브랜드가 의류라는 일상복으로 변신했다. 특히 검은색 배경에 노란색 문양, 흰색 글자의 브랜드명을 활용한 로고플레이는 어느새 내셔널지오그래픽이란 브랜드의 상징이 되기도 했다. 라이선스 브랜드도 단순히 국내에 가져와 판매하는 데 그치지 않고 고객에게 브랜드 정체성을 일관적으로 알리는 마케팅과 제품 기획을 하고 있는데, 이러한 활동들이 어우러지면서 인기를 끌고 있는 것으로 보인다.

● 실용성과 재미를 추구하는 MZ세대를 잡아라

실용성과 재미요소를 중시하는 MZ세대를 상대로 다양한 신제품 출시가 필요하다. 기업은 제품의 실용성 부분을 강조하여 다용도로 사용될

피트니스 큐웰(Quell) 활용하는 모습

수 있는 제품을 개발한다. 예컨대 평소에는 코트로 입다가 잠들 때는 침낭이 되고, 사용하지 않을 때는 짐을 담을 수 있는 가방으로 변신하는 외투 등 가성비 높은 제품이 선호될 것이다.

또한 재미를 추구하는 MZ세대의 특성을 고려하여, 그들의 지속적인 관심과 흥미를 끌 수 있는 멀티 기능이 탑재된 신제품을 개발하는 것도 방법이다. 예컨대 게임과 피트니스를 동시에 즐길 수 있는 제품이 등장했다. 마치 사용자가 TV 화면을 보면서 복싱 게임을 하듯이 동작하면, 이 동작을 기기가 분석하여 소모된 칼로리, 펀치 속도, 강도 및 정확도 등 명확한 지표를 제공하는 웨어러블 피트니스 큐웰(Quell)이다. 모든 펀치를 실제처럼 느낄 수 있기 때문에 소비자의 흥미를 유발할 수 있고 운동에 더욱 집중할 수 있다.

2021년 7월, 펠로톤(peloton) 역시 비디오 게임 사업 진출을 준비하고 있다고 공식적으로 발표했다. 펠로톤의 게임화는 실내 사이클에 달린

태블릿에서 사용자가 난이도와 듣고 싶은 음악을 선택하고, 게임 시작과 동시에 운동을 즐길 수 있다. 음악에 맞춰 자전거 페달을 밟아 게임 중에 목표 달성 시 보상을 받고, 다른 멤버와의 경쟁모드를 추가하여 더 높은 운동효과가 예상된다. 이처럼 앞으로는 전통적인 방법 외 앱에 자신의 기록을 올려 친구들과 경쟁을 하거나 기록을 경신했을 때 보상이 주어지는 '게임화'(Gamification) 기법을 활용하여 MZ세대의 호기심을 더 자극하는 피트니스 웨어러블 제품이 각광 받을 것이다.

N차 신상은 불필요한 제품 판매
그 이상의 가치를 지닌다

프라이탁을 들고 다니면 내가 이렇게 좋은 가치관을 가지고 있다는 것을 말하지 않아도 알릴 수 있어요. 국내에 프라이탁 매장 개수가 손에 꼽고 그마저도 코로나로 인해 최소 일주일 전 예약을 해야 해서 프라이탁 중고거래가 더 활발해진 것 같아요. 하늘 아래 똑같은 프라이탁 가방은 없기 때문에 레어한 디자인을 구하기 위해서 일부러 중고거래로 구매하기도 하죠. 특히 구하기 힘든 무채색의 가방은 중고거래가 더 활발하게 되는 것 같아요. 부모님은 헌 거를 왜 사냐고 하는데, 프라이탁은 프라이탁 감성이 있다고 생각해요. 이런 친환경 브랜드 제품을 중고거래하면서 남들과는 다른 개성과 환경의식을 표현할 수 있다고 생각하거든요.

_____ A씨는 2020년 가을겨울(FW)시즌에 출시된 아미(AMI)의 빅로고 하

트패치 니트에 관심을 두고 있다. 이 제품을 구매하기 전, A씨는 백화점 가격과 중고사이트에 올라와 있는 가격을 비교해보았다. 이 제품의 백화점 정가는 60만 원 정도이고, 중고사이트에서는 이 제품을 30만 원에 판매한다는 게 시글이 올라와 있다. A씨는 시즌 시작되는 시점에 이 옷을 사서 몇 달 입고, 시세가 너무 떨어지기 전에 깨끗이 드라이클리닝을 한 후 되팔 예정이다. 그러면 A씨는 아미 빅로고 하트패치 니트를 시판가의 반가격인 30만 원에 입는 셈이 된다. 그는 아미의 신상템을 매우 합리적인 가격에 소비했다고 자부하고 있다.

출처 : 번개장터 취향 리포트

신제품 판매 증진과 고객 확보, 두 마리 토끼를 잡는 법 : 롯데 하이마트, 나이키 _____

2020년 BCG가 MZ세대를 대상으로 조사한 설문 결과에 따르면, MZ세대가 중고제품을 구매하는 이유는 ① 정가로 구매하기 부담되는 제품을 구매할 수 있다는 점, ② 트렌디하고 유니크한 제품을 구매할 수 있다는 점, ③ 다양한 제품과 브랜드를 선택할 수 있다는 점, ④ 환경친화적 소비라는 점 등으로 나타났다.

중고거래를 의미하는 N차 신상 거래는 크게 두 가지 개념을 내포하고 있다. 사람들이 이미 사용하였거나 구매 후 오랜 기간 보관한 제품을 어떤 목적으로 구매하는지에 따라 중고와 리셀(resell)로 구분할 수 있다. 중고는 판매자와 구매자의 합리적인 소비라는 목적 아래 발생된다. 즉 중고는 필요 없는 제품을 판매하고 새 제품보다 더 저렴한 가격에 구매하는 거래 행위라면, 리셀은 희소성 있고 유니크한 제품을 갖고자 하는 구매자의 욕구를 이용해서 판매자가 새 제품보다 비싼 가격에 제품을 판매하는 행위다.

코로나19의 여파로 경기침체 및 소비심리가 위축되면서 소비자는 의식적으로 중고거래를 통해 알뜰소비를 하려는 경향을 보였다. 그러나 최근 MZ세대가 소비의 주축으로 부상하면서 중고거래의 의미가 달라졌다. 과거 중고거래는 단순히 절약 소비를 위한 거래방식이었다. 그러나 현재는 경제적 이득과 더불어 환경적 가치를 추구하는 하나의 문화로 인식되면서 중고거래의 성격이 변화한 것이다. 정치적·사회적 신념 등을 소비 행위를 통해 적극적으로 표출하는 이른바 MZ세대의 '미닝아웃'(Meaning Out) 소비트렌드로서 중고거래를 바라볼 수 있다.

또한 Z세대를 중심으로 리셀을 위해 중고제품을 구매하는 리셀테크(리셀과 재테크의 합성어)에 대한 관심이 높아지고 있다. 한국 소비자원의 소셜데이터 분석 플랫폼인 바이브컴퍼니의 '썸트렌드 비즈'를 통해 분석한 결과, 소셜 미디어에서 Z세대의 리셀테크 언급량은 2018년 1만 5,247건에서 2020년 2만 1,802건으로 꾸준히 증가했다. 이러한 리셀에 대한 관심은 일반 대중에게 국한된 것이 아니다. 연예인이나 기업 총수도 소셜네트워크를 통해 리셀 제품을 매입할 만큼 성장세는 계속 높아지고 있다. 최근 정용진 신세계 부회장이 자신의 소셜네트워크를 통해 한정판

출처 : 정용진 신세계 부회장 인스타그램

정용진 신세계 부회장의 나이키 운동화 리셀

나이키 운동화 사진과 함께 "레어템 득템하였습니다"라며 리셀 제품에 대한 관심을 드러내기도 하고, 지드래곤 친필 사인이 들어간 10켤레 한정 판매 스니커즈가 리셀 플랫폼을 통해 1,300-1,400만 원대에 거래된 적도 있다.

비록 중고거래는 MZ세대를 중심으로 형성되었지만, 코로나19로 인해 잦은 재택근무로 예전보다 집에서 많은 시간 활동하는 기성세대(4050세대)까지 빠르게 확산되는 양상을 보이고 있다. 미국 온라인 중고 의류업체 '스레드업의 2020 중고거래 보고서'에 따르면, 미국 중고시장은 2019년에서 2021년 사이 69% 성장했다. 코로나 전후 대비 국내 중고시장에 성장세 또한 비슷하다. 닐슨 코리안클릭(Nielsen Koreanclick)에 따르면, 2018년 국내 모바일 중고거래 플랫폼 이용자 수는 200만 명 정도 수준이었으나, 2020년 6월 기준 1,090만 명 이상으로 집계되면서 그 이용자 수는 무려 5.45배 이상으로 급증했다.

코로나19를 기점으로 중고거래 시장이 발전하게 된 배경에는 사람들이 집에 있는 시간이 늘어나면서 그동안 정리하지 못했던 불필요한 물건을 하나씩 정리하는 생활패턴의 변화를 요인으로 꼽을 수 있다. 또한 다양한 디지털 경험을 통해 이제는 손쉽게 온라인으로 장을 보는 사람들이 많아졌으며, 개인 간의 중고거래가 늘면서 중고거래에 대한 인식이 긍정적으로 바뀌었기 때문으로 해석된다. 이제는 '신상 한정판'에 열광하여 충동적으로 물건을 구매하던 '지름신' 소비패턴에서 중고거래로 물건을 되파는 '파름신' 거래 패턴으로 추세가 바뀌고 있다 해도 과언이 아니다. 중고거래 시장이 급성장을 이루면서 IT 공룡 네이버, KT, 무신사, 현대백화점, 롯데쇼핑 등 국내 대기업이 중고시장에 뛰어들었고, 쉽고 안전한 온라인 중고거래 플랫폼들이 빠르게 발달하고 있다.

● 중고거래가 신제품 구매로 이어지는 선순환 소비 효과

중고거래가 활성화되면 신제품 판매에 부정적인 영향을 미칠 수 있다는 우려가 있지만, 중고거래가 오히려 신제품 판매를 증가시키는 역할을 할 수 있다. 잠재고객이 신제품으로 살 수 없었던 브랜드를 중고로 구매해서 경험해봄으로써 그 브랜드에 대한 인식이 좋아지고 신제품 구매로 이어지는 선순환을 일으킬 수 있다.

그렇다면 중고거래 사업에 진출한 기업이 그들의 신제품 판매이익을 유지하면서 동시에 신규고객을 확보할 수 있는 방법이 있을까?

기업은 브랜드의 웹사이트에 개인 간 중고거래가 가능한 플랫폼을 오픈해주고 마케팅과 상품 배송, 고객 서비스를 브랜드가 맡아서 하는 일종의 중고거래 솔루션을 제공할 수 있을 것이다. 구매자와 판매자의 중고거래를 연결해주는 중고거래 플랫폼 사업 진출을 통해 이 효과를 누려볼 수 있다. 예를 들어, 롯데 하이마트는 2021년 10월부터 중고거래 플랫폼 '하트마켓'을 론칭하면서, 매장을 중고거래 장소로 활용하고 상품을 보관하고 전달받는 역할을 하고 있다. 이런 플랫폼의 출범은 구매자와 판매자가 오프라인 매장에 방문할 수 있도록 유도한다. 또한 잠재고객이 온라인몰에 접속하는 빈도를 증가시킴으로써 신제품을 구매할 잠재고객을 오프라인 매장으로 유입하고 집객하는 효과를 불러올 수 있다.

또 다른 방법으로는 기존의 온라인 중고 플랫폼을 활용하는 것이다. 글로벌 최대 명품 중고거래 플랫폼인 더리얼리얼(The Real Real)의 사이트에 접속해보면 가격, 사이즈, 제품 상태는 물론 TRR 지속가능계산기(TRR Sustainability Calculator)를 통해 해당 중고제품을 구매함으로써 탄소배출을 얼마나 줄일 수 있는지를 확인할 수 있다. 중고거래 플랫폼을 통해 우리 기업이 환경과 지속가능 경영에 얼마나 기여하고 있는지를 간접적으로나마 소비자에게 인식시킴으로써 자사 브랜드 이미지를 향상 및 개선시키고 장기적으로 고객 관계를 구축할 수 있다.

많은 글로벌 기업이 현재 활용하는 방식을 벤치마킹해서 사용할 수도 있다. 즉 브랜드가 직접 중고제품을 수거해 재판매하는 사업에 진출하는 방법도 고려될 수 있다. 예컨대, 나이키(Nike)는 '나이키 리퍼비시드'(Nike Refurbished)라는 프로그램을 론칭하였다. 고객이 나이키를 통해 구

출처 : MVC MAGAZINE

나이키에서 운동화를 리퍼비시드(refurbished)하는 과정

매한 제품을 60일 이내 반품하면, 반품된 제품을 세척하고 소독한 뒤에 가격을 할인하여 제품을 재판매하는 서비스다. 이케아(Ikea)는 '바이백' (Buy back) 서비스를 론칭하였다. 고객이 사용한 이케아 가구를 매입한 후 제품을 할인된 가격으로 다시 판매하는 서비스다. H&M의 계열사인 코스(Cos)는 영국과 독일에 처음 중고제품 판매 플랫폼을 시범 운영하였다. 이 리셀 서비스 기능이 추가된 후 고객들은 판매할 옷을 마네킹에 입혀 사진을 업로드하는 등 적극적으로 중고거래에 동참하고자 하는 의지를 보여주고 있다.

● MZ세대가 중고거래를 하는 목적에 주목하자

MZ세대를 대상으로 조사한 결과, 대체적으로 20대 중반에 처음으로 명품을 사고 1년도 채 되지 않은 시점에 중고시장에 내놓는 패턴을 보이는 것으로 조사되었다. 그들에게 있어서 명품거래는 어떤 의미를 내포하고 있을까? 그들은 중고거래 플랫폼을 통해 한정판 제품이나 고가 사치품을 되팔아 수익을 창출할 목적으로 제품을 구매한다. 샤넬과 루이비통의 가격인상 소식이 들리면 오픈런을 하려는 고객의 행렬이 이어지는데, 이들 중 다수가 MZ세대다. 롤테크(롤렉스와 재테크의 합성어), 샤테크(샤넬과 재테크의 합성어) 등의 신조어가 등장할 정도로 고가 사치품을 통한 재테크 붐이 일고 있다. 롤렉스나 샤넬과 같은 고가 사치품은 고객에게 사용가치 이상의 교환가치를 제공한다. 시계가 시간을 알려주는 도구로서, 가방이 무엇인가를 담는 도구로서의 본래 기능에 만족하는 시대는 지났다. 자신의 성공이나 부를 과시할 수 있는 플렉스(Flex; 과시소비)의 수단으로서 롤렉스, 샤넬은 사용가치면에서 훌륭한 수단이 되고 있다. 특정 일부 제품들은 희소가치가 높고 공급보다 수요가 많기 때문에 다소 비싼 가격에 판매를 해도 시장에 제품만 나오면 바로 판매가 되는 교환가치 또한 높다고 할 수 있다.

현재 MZ세대 사이에 인기를 끌고 있는 재테크 방법 중 하나는 스니커테크(스니커즈+재테크)다. 오픈런을 해도 구매에 대한 확신이 없는 롤테크, 샤테크와는 다르게 스니커테크는 구매가능 리스크가 적고, 정해진 날짜와 시간에 래플(무작위 추첨)을 통해 구매가 이뤄지기 때문에 시간과 비용을 절약할 수 있는 이점이 있다. 또한 평소 관심이 있었던 브랜드의 운동화를 10-20만 원에 구매해 많게는 몇 천만 원대까지 차익을 남길 수 있기 때문에 비교적 안정적인 재테크 방법이며 무엇보다 높은 수익률을 기록할 수 있다는 점에서 스니커테크가 MZ세대에게 인기를 끌고 있다.

기업은 MZ세대가 재테크의 수단으로 한정판 제품을 재판매한다는 점을 역이용하여 마케팅 활동을 펼치고 있다. 국내 유통업계에서는 실제 소비자가 구매하는 상품보다 더 큰 가치를 지니는 경품으로 유도해 제품을 구매하게 하는 왝더독(Wag the dog) 마케팅을 보여주었다. 최근 이마트24는 무신사의 한정마켓 '솔드아웃'과 협업하여 삼각김밥, 샌드위치, 햄버거 등을 구매한 후 이마트24 모바일 앱을 통해 응모하면 한정판 스니커즈를 경품으로 제공하였다. 이런 마케팅 활동은 고객이 매장 방문 횟수를 늘리고 브랜드 제품이나 서비스를 이용하면서 기존의 것을 계속 구매하게 되는 락인(lock-in) 효과를 창출할 수 있기 때문에 단골 고객을 확보할 수 있는 차별화된 마케팅 기법으로 사용될 수 있다.

MZ세대는 나를 위한 소비를 아끼지 않는 포미족(FOR ME)*으로, 그들 사이에 정착된 플렉스와 하울(Haul; 제품을 사고 개봉과정과 사용후기를 등의 영상을 공개) 문화는 명품을 구매하게 만드는 동기를 부여한다. 따라서 기업은 이들의 특성을 이용한 마케팅 활동을 고려해볼 수 있다. 젊은 층은 현실에서는 수십, 수백만 원을 웃도는 제품을 쉽게 구매할 수 없기 때문에 명품 브랜드는 그들이 친숙하게 다가올 수 있는 방법을 모색해야 한다. 명품 브랜드가 중국시장에서 그들의 패션 아이템에 비해 상대적으로

---

* 건강(For health), 1인 가구(One), 여가(Recreation), 편의(More convenient), 고가(Expensive)의 다섯 단어의 앞 글자를 따온 신조어다.

저렴한 가격으로 서비스를 제공하는 카페나 레스토랑을 오픈하여 젊은 층의 부담을 덜어주면서도 브랜드의 친숙함을 심어주기 위해 사용한 방법처럼 말이다. 글로벌 명품 브랜드 구찌는 네이버 Z가 운용하는 메타버스(Metaverse) 플랫폼 '제페토'에서 젊은 층들이 구찌 브랜드 의상, 신발, 가방 등을 구경하고 피팅해보며 아이템을 구매할 수 있도록 하여, 가상현실에서 브랜드의 친숙함을 심어주고 적극적으로 홍보하는 노력을 기울이고 있다.

MZ세대는 소유보다는 경험에 더 큰 가치를 두고 발견하는 재미의 수단으로 중고거래를 이용한다. 중고 플랫폼을 단순히 물건을 사고파는 장소가 아닌, 판매자와 구매자 취향을 공유하며 소통하는 수단으로 인식한다. MZ세대에게 중고플랫폼은 단순히 자신이 원하는 제품을 사기 위한 목적 이상의 가치를 지닌다. 중고 플랫폼에서 사고파는 물건이 없더라도 부가기능을 통해 수시로 접속하여 학교, 학원에서 사귄 친구 외에 SNS를 통해 만난 동네 친구와 대화를 나누고, 취미생활을 공유하며, 자신이 좋아하는 판매자를 팔로우하면서 어떤 제품이 새로 올라오는지 즐겨보는 공간으로 중고 플랫폼을 이용하고 있다. 예컨대 번개장터는 기존에 운영해오던 내가 팔로우하는 상점에 업데이트된 소식을 볼 수 있는 '내 피드' 서비스를 앱 개편 작업에서 종료하였지만, 많은 앱 이용자의 피드 생성 요청으로 인해 종료한 지 하루 만에 다시 기능을 추가하였다. 또한 '당신 근처의 마켓' 당근마켓은 자신이 거주하는 동네 기준으로 반경 4-6km 이내에 있는 이웃과 거래할 수 있는 중고거래 플랫폼인데, 중고거래와 관계없이 '동네 생활' 서비스 기능을 제공하고 있다. 당근마켓 이용자는 중고물품을 거래하지 않더라도 '동네 생활' 기능을 통해 이웃과 동네 이야기를 서로 주고받으면서 맛집을 추천하거나, 반려동물을 자랑하고, 그들과 같이 하고 싶은 활동을 위해 모임을 만들기도 하며, 참여하고 싶은 모임이 없는지 하루에도 몇 번씩 플랫폼을 들락날락하면서 돌아다닌다. 물건 사고팔기를 떠나 일상을 나누고 소통하려는 커뮤니티 기능을 수행하고 있다.

중고품 판매사업에서 찾은 고객의 페인 포인트 : 당근마켓, 더리얼리얼

2020년 LG 구광모 회장은 전 세계 LG 임직원 25만 명을 대상으로 고객에게 가치를 제공하기 위해서는 "모든 것을 고객의 '페인 포인트'에서 시작해야 한다"라고 강조했다. 고객이 불평을 가지거나 불편함을 느끼는 지점을 의미하는 페인 포인트를 찾아 이를 해결해주는 것이 고객 가치를 창출할 수 있는 가장 최우선의 지름길이라는 뜻이다. 따라서 소비자가 중고거래를 하면서 생긴 고민거리나 중고거래를 꺼리는 이유를 파악해서 이를 해소시켜주는 데 노력을 기울여야 한다.

중고거래 문화가 안정적으로 고착되지 않은 시점에서는 많은 잡음이 생기기 마련이다. 국민권익위원회가 2018년 5월부터 2021년 4월까지 3년간 중고거래 관련 민원을 통해 빅데이터를 분석한 결과, 2018년에 월 평균 227건이던 민원이 급증하여 2020년에는 545건으로 전년 대

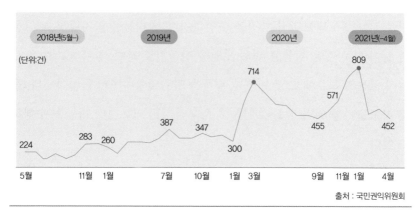

(단위:건)

714

809

571

387

347

455

452

283 260

224

300

5월   11월 1월   7월   10월   1월 3월   9월   11월 1월   4월

출처 : 국민권익위원회

중고거래 관련 민원 월별 및 연도별 추이

비 75.2% 급증하였으며 2021년에는 전년보다 4% 증가된 567건으로 기록되었다. 중고제품 판매자가 물건값을 받은 후 구매자에게 제품을 보내지 않고 연락이 두절되거나 도난당한 물건이 중고거래 플랫폼에서 판매되는 등 억울한 상황을 토로하는 민원이었다. 그렇다면 소비자는 중고거래를 하면서 어떤 걱정을 할까? 한국리서치에 따르면, 중고거래를 할 때 사람들이 걱정하는 부분은 거래사기(46%), 상품의 질(27%), 상품 가격(15%) 순으로 조사되었다. 국내 중고플랫폼들은 이런 소비자의 가품에 대한 불안감과 사기 우려를 파악하고 이를 해소하기 위하여 많은 노력을 기울이고 있다.

당근마켓 이용 경험이 없는 사람은 있어도 당근마켓이 뭐하는 곳인지 모르는 사람은 거의 없다. '당근마켓 = 중고거래앱'이라는 공식이 떠오를 만큼 국내 대표적인 중고거래 플랫폼인 당근마켓은 인공지능(AI) 머신러닝을 활용하여 거래 금지 상품이나 가품 등을 판단해 관련 글을 블라인드 처리하거나 동네 인증 서비스와 사용자 간 거래 매너 점수를 매겨 자체 필터링하여 리스크를 최소화하려는 노력을 해왔다. 그러나 2021년 7월 당근마켓은 거래사기로 인해 한동안 언론의 주목을 받았었다. 한 판매자가 당근마켓에 샤넬 중고가방을 저렴하게 판매한다는 글을 올린 뒤 80명이 넘는 사람들을 상대로 1억 원을 가로챈 사건이었다.

중고품 판매 사업에 진출한 기업은 거래사기뿐 아니라 가품에 대한 소비자의 불안감을 어떻게 해소할 수 있을까? 우리가 현재 중고차를 판매하는 방식과 유사한 방식으로 소비자의 불안감을 해소시킬 수 있을 것이다. 제품이 언제, 어느 매장에서, 얼마에 첫 판매되었으며, 어떠한 중고 거래 과정을 거쳤는지에 대한 판매 이력 정보를 소비자에게 투명하게 제공하면 제품 구매에 조금 더 확신을 줄 수 있을 것이다.

또한 최근 국내시장에는 제품에 NFT 기술을 활용해서 정품 검사 서비스를 제공하는 리셀 플랫폼도 등장하였다. 판매를 위해 접수된 스니커즈를 검수해서 정품 판정이 나면 그 제품에 NFT 코드를 부여하여 플랫폼에서 스니커즈를 판매할 수 있도록 하는 방식이다. 블록체인 기술을 기반으로 하여 정품 검증 서비스를 제공하는 것도 가품에 대한 사고를 방지할 수 있는 방법이다.

● 온라인 명품 중고 플랫폼이 고객의 불안을 잠재우는 방법 - 더리얼리얼

중고 명품이 매년 1조 원 이상 거래되는 온라인 중고판매업체가 있다. 바로 미국의 스타트업 '더리얼리얼'(The real real)이다. 더리얼리얼도 지금의 이 자리에 오르기까지 수많은 시행착오가 있었을 것이다. 특히나 명품을 중고거래한다는 것은 고객의 입장에서 일반 상품을 거래하는 것보다 훨씬 신중하고 까다로울 수밖에 없다. 더리얼리얼은 고객의 불안감을 감소시키기 위해 어떠한 전략을 사용했을까?

더리얼리얼은 '사람'에 가치를 두었다. 더리얼리얼은 명품을 감정하는 150여 명의 인력을 보유하고 있다. 이들은 판매자의 신원을 확인하고, 제품이 정품인지를 감별하며, 브랜드 명성·색상·사용기간 등을 기준으로 적정한 가격선을 책정한다. 오랜 기간 숙련된 전문가와 상대적으로 숙련도가 낮은 전문가로 구분하여, 제품 검수 위험 수준에 따라 제품을 맡는다. 정품 마커가 없어 정품인지에 대한 구별이 어렵거나 위조 가능성이 높은 제품의 경우 고위험 제품으로 간주하고 숙련도 높은 전문가에게 위임한다. 반대로 위품구별이 분명한 저위험 제품은 숙련도가 낮은 전문가가 맡아서 진행한다.

더리얼리얼은 '직무 섀도잉'(job shadowin)이라는 아주 특별한 교육훈련세션을 운영한다. 매일 혹은 주단위로 감정사들이 한자리에 모여 시장에 나오는 현재 위품의 특징을 파악하고, 어떤 식으로 정품을 구분하는지 등 최신 위조동향에 대해 논의하며 끊임없이 연구한다. 더리얼리얼은 현재 미국 전역에 16개 오프라인 매장을 운영하고 있다. 이곳은 판매자가 직접 오프라인 매장을 방문해 명품 감정사에게 판매 물건을 감정받거나, 방문이 어려운 판매자에게는 화상캠이나 출장 감정을 통해 물건이 정품인지를 감정하고 있다.

더리얼리얼의 또 다른 특징으로는 검증된 직원이 고객의 집에 방문하여 제품을 배송해주는 '화이트 글로브 딜리버리 서비스'(white glove delivery service)를 제공하고 있다는 점이다. 일반적으로 정확하고 직접 모니터링이 가능한 배송이 필요할 때, 기업은 검증된 직원이 고객의 집에 방문하여 제품을 배송해주는 화이트 글로브 딜리버리 서비스를 제공한다. 더리얼리얼은 고객의 신뢰를 유지하고 고객이 인증된 고급 중고제품을 구입하고 판매할 수 있는 가장 안전한 장소를 제공하기 위해 지속적으로 노력하고 있다.

지속가능한 방법 중 환경오염을 유발하는 요인 : 파타고니아 _____

젊은 세대는 중고상품 구매하기, 탄소배출량을 줄이는 방식으로 제품 소비하기, 환경친화적인 소재나 업사이클링 소재로 제작된 제품 사용하기, 뚜렷한 기업윤리와 책임의식을 가진 브랜드나 대여 서비스 이용하기, 구매한 제품 오래 입기 등 다양한 방식으로 지속가능성에 동참하고 있다. 그렇다면 지속가능성을 실행에 옮기는 방법 중에 실제로 환경오염을 유발하는 가장 큰 요인은 무엇일까?

2021년 레바넨(Levänen) 외 4명의 핀란드 환경 전문가들은 환경연구회지(Journal of Environmental Research Letter)를 통해 리세일, 리사이틀링, 렌털, 옷을 구입해 오래 입는 경우와 짧게 입는 경우의 5가지 시나리오를 비교분석하고, 지구온난화에 영향을 미치는 정도를 확인하였다. 중고제품 구매하기, 재활용 소재 이용하기, 대여 서비스 이용하기, 옷 오래 입기, 옷 짧게 입기 중 어떤 방법이 환경오염에 가장 큰 영향을 미칠까?

그 결과, 옷을 대여해서 입는 방법이 새 옷을 구입해 입다가 폐기 처분 하는 것보다 더 많은 환경오염을 유발한다는 결과가 나왔다. 고객이 대여 한 옷을 전달하기 위해 렌털 창고에서 해당 소비자에게 그리고 다시 해당 소비자의 렌털창고에 반품 이동하는 운송 과정에서 탄소가 배출된다. 또 한 포장하는 데 카드보드나 플라스틱백 등을 매번 사용하고 고객이 돌려 보낸 의류를 다시 세탁하고 위생처리를 하는 등 일련의 과정에서 탄소와 유해물질이 배출된다. 결과적으로, 위 연구의 결과는 우리가 환경을 보호 하고자 옷을 구매하지 않고 대여하는 방법을 선택하는 것은 훨씬 더 많은 환경오염을 유발시킬 수 있다는 점을 시사한다.

이는 미국의 친환경 아웃도어 캐주얼 브랜드 파타고니아의 경영철학 과도 일맥상통한다.

"필요가 없다면 이 자켓을 사지 마세요!"
(Don't buy this jacket unless you need it!)
"새것보다 나은"(Better than new)

이것은 2011년과 2013년 블랙프라이데이에 파타고니아가 진행한 프로젝트다. 아무리 친환경 제품이라도 물 200L, 온실가스 20파운드 이 상이 배출되고 많은 양의 천이 버려지기 때문에 환경을 지키는 최선의 방 법은 친환경 소재를 사용하거나 재활용하는 것이 아닌, 적게 쓰고 가능한 오래 입는 것이다. 파타고니아는 소비자가 그 광고 캠페인 본문을 읽고, '이 옷이 나에게 꼭 필요한가?' 자문해보고 만약 옷을 사야 한다면 오래 입을 수 있는 잘 만들어진 옷을 소비하길 바랐다고 밝혔다. 그 이후에도 파타고니아는 제품을 최대한 지속가능할 때까지 사용하자라는 의미를 담고 있는 '원웨어'(Worn Wear) 마케팅 활동을 펼치면서 2025년까지 100% 재생 가능성 소재를 사용하는 데 목표를 두고 있다.

최근 소비자는 모든 제품이 재사용되고 쓰레기 배출량을 최소화하고자 하는 환경운동의 일환으로 '제로 웨이스트'(Zero-Waste) 챌린지를 실천하고 있다. 일회용 컵 대신 텀블러를 사용하고, 비닐봉투 대신 에코백을 들고 다니는 등 일회용품 사용을 줄이고자 노력하고 있다. 그러나 환경을 보호하기 위한 이러한 실천은 오히려 환경을 파괴하는 리바운드(Rebound) 효과를 일으킬 수 있다. 여태껏 우리는 일회용품은 생산-사용-폐기하는 과정에서 다량의 온실가스가 배출될 수 있기 때문에 일회용품 대신에 폐기물량을 최소화할 수 있는 다회용품을 적극 권장해왔다. 그러나 환경부에 따르면, 다회용품은 생산부터 폐기하는 전 과정에서 일회용품보다 더욱 많은 온실가스가 배출되고, 다회용품을 세척 시 세제와 물을 사용하기 때문에 결국 환경에 독이 될 수 있다는 것이다. 따라서 환경을 보호하기 위한 효과적인 방법은 가지고 있는 텀블러나 에코백을 오래오래 사용하는 것이다. 즉 나에게 필요한 제품만 구매해 하나를 지속적으로 재사용하는 것이야말로 친환경을 넘어서 필환경을 실천할 수 있는 방법이다.

MZ세대는 제품을 구매할 때 어떻게 하면 소비를 최대한 줄일 수 있을지를 우선으로 생각한다. 그들은 사용한 제품을 재활용하거나 사용한 제품을 아예 새롭게 재창조하는 리사이클(Recycling)이나 업사이클링(Upcycling)이 아닌 물건을 구입하기 전부터 미리 환경을 생각하여 근본적으로 폐기물을 최소화하기 위한 '프리사이클링'(Precycling; pre와 recycling의 합성어)을 추진한다. 다른 사람이 더 이상 사용하지 않는 물건을 사고, 나에게 가치 있는 물건을 판매함으로써 합리적인 소비를 하는 동시에 소비행위에 대해 자부심을 느끼기도 한다.

앞으로의 중고거래 사업은 고객 경험을 다양화하는 데 초점을 맞추며 성장할 것이다. 기업이 이미 다양한 방법을 시도해왔고 활용하고 있다. 가장 손쉽게 할 수 있는 방법은 재활용 프로그램에 참여하는 고객에게 해당 브랜드의 크레딧을 제공해주어 고객이 크레딧을 모아가는 재미를 느끼고 지속적으로 중고거래에 참여할 수 있도록 고객을 자극하는 것이다. 그밖에도 IT 기술을 활용해서 브랜드 홈페이지 내에서 개인화된 상품 추천 서비스 시스템을 구축하거나, 중고제품 전용 라이브커머스 서비스를 제공하거나, 증강현실(AR) 기능을 기반으로 고객이 가상으로 중고의류를 착용해볼 수 있는 경험을 제공하는 방법이 있을 것이다. 앞으로 중고시장은 AI를 사용하여 가방의 사진만으로도 몇 초 안에 가방 브랜드와 적정한 중고 가격을 추산하여 정보 제공하는 시대가 올 것이다.

MZ세대의 또 다른 소통의 장
'메타버스'가 뜬다

가상현실 메타버스에서도 소비자는 명품 리셀을 하기 위해 고가의 명품 가방을 구매한다. 미국 대표적인 메타버스 플랫폼 '로블록스'(Roblox)는 게임 내 '구찌가든'이라는 가상공간을 마련하여, 구찌 한정판 '구찌 퀸비 디오니소스' 가방을 약 5.5달러(약 6,215원)에 판매했다. 이 가방은 구찌의 시그니처 여왕벌 문양이 그려져 있는 디오니소스 한정판이다. 그러나 오직 가상현실에서만 볼 수 있는, 현실에서는 만질 수도 착용할 수도 없는 디지털 백이다. 그럼에도 이 제품을 사려는 수요가 몰렸고, 구매자는 이 한정판을 로블록스 앱스토어 내에서 리셀가를 올려 약 4,115달러(약 465만 원)에 재판매하였다.

이것은 현실세계에서 재테크를 위한 목적으로 스니커즈나 각종 명품 리셀과 굉장히 유사하지만, 로블록스 앱 내에서만 통용되는 화폐를 사용

메타버스 안에서 이루어지는 거래 _ 로블록스와 어스2

해서 현금화가 어렵기 때문에 명품 재테크가 불가능하다.

가상현실에서 이루어지는 과열 양상은 단순히 패션업에만 국한되지 않는다. 지구를 10×10m로 나눠서 땅을 사고파는 가상부동산 게임 플랫폼인 '어스2'(Earth2)는 2020년 서비스 초반에는 전 세계 토지가격이 한 타일(Tile)당 0.1달러로 동일했지만 지금은 나라마다 지역마다 가격이 상이하다. 가령 2021년 6월 지역당 타일의 평가금액을 따져보면, 서초구는 32달러에서 672달러로 1860.96% 증가세를 보이는 등 현실세계의 부동산 가격과 유사한 흐름을 보이고 있다.

이제는 가상현실세계에서도 명품을 구매하고, 땅을 사고팔며, 심지어 현실세계에서 판매하는 제품의 가격보다 더 비싼 가격에 제품이 판매되고 있다.

● 3차원 가상세계 '메타버스'

메타버스(Metaverse)는 가공, 추상을 의미하는 '메타'(Meta)와 현실세계를 의미하는 '유니버스'(Universe)의 합성어로, '3차원 가상세계'를 의

미한다. 시장조사업체 '스태티스타'(Statista)는 2024년 세계 메타버스 시장 규모가 2,900억 달러(약 338조 원)에 이를 것으로 내다봤다. 메타버스가 이토록 관심을 받게 된 이유는 무엇일까?

코로나19로 인해 '사회적 거리두기'를 실천하기 위하여 사람들이 실내에 머무는 시간이 증가하면서, 다른 사람들과 소통을 하기 위한 공간으로 온라인을 찾았다. 언택트(Untact) 서비스의 도래는 IT의 발전과 함께 이커머스 플랫폼이나 배달앱처럼 현실을 그대로 온라인으로 옮겨 놓은 거울세계(Mirror worlds)에 집중하게 만들었다.

또한 실제 캐릭터가 아닌 또 다른 나의 모습이나 새로운 캐릭터를 의미하는 부캐(부가 캐릭터)를 만들어서 자신을 부캐에 투영시키는 방법이 콘텐츠 소재로 유행하고 있다. 이렇게 가상세계에서 자신이 원하는 스타일로 아바타를 만들어서 부캐를 완성할 수 있는 메타버스가 사람들의 관심을 끌고 있다. 특히 MZ세대는 가상공간에서 여러 인격을 구현하고자 하는 멀티 페르소나 성향이 강한데, 메타버스에서 본캐(본래의 캐릭터)와 부캐를 확실하게 구분지을 수 있게 된 것이다. 메타버스는 디지털 세상 속에 또 다른 자아를 만들어 나만의 정체성을 드러낼 수 있는 기회를 제공하고 있다.

더불어 혼밥(혼자 먹는 밥), 혼술(혼자 먹는 술) 등 '나홀로' 문화가 정착되면서 많은 현대인이 콜포비아(Call Phobia)를 느끼고 있다. 콜포비아란 전화와 공포증의 합성어로, 전화 통화를 할 때 필요 이상의 공포심이나 두려움을 느끼는 현상을 말한다. 2019년 잡코리아와 알바몬이 성인남녀 1,037명을 설문조사한 결과, 응답자의 46%, 약 2명 중 1명이 콜포비아를 겪고 있다고 답한 것으로 조사되었다. 콜포비아를 겪고 있는 현대인은 전화보다는 문자, 메신저, 인터넷 채팅이 더 익숙하다는 특징을 가지고 있다. 따라서 요즘 현대인에게는 그들의 두려움을 감소시켜줄 수 있는 가상현실의 메타버스가 더 매력적으로 다가온 것이라고 할 수 있다.

마지막으로 현실에서는 불가능하지만, 가상공간에서는 시공간 제약 없이 자신이 희망하고 욕망하는 모습을 구현할 수 있기 때문에 메타버스가 인기를 얻고 있다. 예컨대, 마스크 쓰지 않고 친구들과 한강공원에 치맥도 하고 편의점 파라솔 의자에 앉아 라면도 먹으면서 웃고 떠들던 기억, 파리의 야경을 구경하며 에펠탑 앞에서 사진을 찍고 즐겁게 여행하는 모습, 대학교 신입생 환영회에서 캠퍼스를 둘러보고 새 친구도 사귀는 풍경, 가방·의류·신발·액세서리까지 구찌로 플렉스하는 자신의 모습 등은 현실세계에서는 이루기 힘든 장면이다. 그러나 메타버스 안에서는 자신이 꾸미고 싶은 모습으로 아바타에 의상과 아이템을 착용해보고, 소셜미디어를 만들어서 낯선 친구와 친목을 도모하기도 하고, 현실에서는 갈 수 없었던 공간으로 자유롭게 이동할 수 있다. 아바타의 세상에서는 무엇이든 원하는 것을 할 수 있다.

우리나라 대표 메타버스인 네이버 Z의 '제페토'는 2021년 상반기에 가입자 2억 명을 돌파하였고, 주 소비자층으로 부상하고 있는 MZ세대가 이용자의 80%를 차지하고 있다. 기업들은 MZ세대가 디지털 환경에 친숙하고 다채로운 경험에 가치를 둔다는 사실을 고려해 기존의 오프라인 매장의 체험 형태에서 온라인 중심 체험 형태로 확장해 나가고 있다. 현

출처 : 제페토 홈페이지(좌), 테니스클래시 트위터(우)

가상세계에서의 구찌

재 제페토에 입점해 있는 브랜드는 나이키, 디즈니, 편의점 CU 등 다양하다. 2021년 명품 브랜드 구찌는 제페토를 통해 구찌 지적재산권(IP)을 활용한 패션 아이템과 3D월드맵을 론칭하였다. 최근 신상품 일부를 구현한 '버추얼 컬렉션'(Virtual collection)과 MZ세대에게 친근한 애니메이션 도라에몽과의 컬래버레이션을 진행하여 월드맵 '구찌 빌라'(Gucci Villa)를 통해 아이템을 구매할 수 있게 하였다. 구찌 빌라의 내외부는 브랜드 아이덴티티가 고스란히 담겨 있는 인테리어, 건축물, 정원으로 꾸며져 있다. 이밖에도 구찌는 2020년 6월 모바일 게임 '테니스클래시'(Tennis Clash)와 협업을 맺고, 구찌 로고가 새겨진 스포츠웨어를 입고 구찌 스페셜 토너먼트에 플레이어로 참가하여 실제 테니스 경기를 펼치는 것과 유사한 경험을 선사했다. 이런 구찌의 전략은 젊은 소비자와의 접점을 넓히기 위한 것으로 해석된다.

젊은 세대가 열광하는 메타버스 플랫폼의 공통점 : 포트나이트 _____

2019년 넷플릭스 창업자이자 최고경영자(CEO)인 리드 헤이스팅스(Reed Hastings)는 최대 경쟁자로 디즈니가 아닌 게임 포트나이트(Fortnite)를 지목하였다. 포트나이트는 작은 섬에서 100명의 사용자가 제한된 시간 안에 생존게임을 펼치는 게임이자 게임업체로 현재는 대표적인 메타버스 플랫폼이다. 온라인 동영상서비스(OTT)의 주역인 넷플릭스는 왜 같은 업종이 아닌 게임회사를 경쟁 상대로 지목했을까?

현재 동영상 서비스 플랫폼은 탈경계화되고 있는 추세다. 소비자는 한정된 시간 내 자신에게 가장 즐거움을 줄 수 있는 콘텐츠에 접속한다. 자신의 즐거움을 소비하기 위한 채널로 유튜브, 넷플릭스, 제페토 등 다양한 콘텐츠를 넘나들며 플랫폼 간의 경계를 허물고 있는 셈이다. 미국의 앱 분석업체 센서타워에 따르면, 2020년 미국 10대를 대상으로 하루 플랫폼 이용시간을 살펴보았더니, 유튜브(54분)보다 로블록스(156분 이용)를 3배 더 이용한 것으로 조사되었다.

왜 젊은 세대는 포트나이트, 로블록스와 같은 메타버스 플랫폼에 열광하는 것일까? 이들 플랫폼의 공통점은 무엇일까? 이들의 공통점은 바로 게임요소를 가미하여 소비자의 몰입도를 높인다는 것이다. 또한 가상공간이 현실과 연결되어 이용자가 가상공간에서도 일상생활을 구현하게 할 수 있다는 점이다. 그래서 기업에 있어 메타버스 플랫폼은 기존고객에게 새로운 방식으로 브랜드를 각인시킬 수 있는 촉진 수단이자 잠재고객을 유입할 수 있는 플랫폼으로 사용되고 있다.

브랜드들은 젊은 세대에게 소구하기 위한 목적으로 메타버스를 활용하고 있다. 그중 하나가 메타버스 주요 플랫폼인 포트나이트(Fortnite)이다. 포트나이트는 게임회사로 알려져 있지만, 실제 10대들은 게임하기 위한 목적 외에도 영화, 스포츠, 뉴스, 연애 등 다양한 화제로 대화를 나누기 위한 소셜 공간으로 활용하고 있다. 이 회사는 아바타와 3차원 게임 영상을 이용해 콘텐츠 마케팅을 진행하고 있다. 자체 게임 공간 안에 가상 스토어를 론칭하고 상품을 판매하는 방식이다. 실제 포트나이트는 나이키의 에어조던이나 영화 〈존 윅〉의 프랜차이즈 브랜드와 협업하여, 게임 내 일부 공간을 한정된 기간 동안 특정 테마(예 : 브룩클린 도시 배경에 나이키 신발과 스케이트보드의 힙한 아이템)로 가상세계를 꾸밀 수 있는(LTM; limited-time modes) 서비스를 제공하였다. 또한 한국의 아이돌 그룹 방탄소년단(BTS)은 포트나이트 파티로얄모드(Party Royal)에서 신곡 '다이너마이트'(Dynamite)의 안무 버전 뮤직비디오를 세계 최초로 공개하고 BTS의 안무를 아이템으로 함께 판매하였다. 포트나이트 가상스토어에서 BTS 안무 아이템을 구매하면 가상공간에서 자신의 아바타가 BTS의 춤을 출 수 있다.

미국의 햄버거 브랜드 '웬디스'(Wendy's)는 포트나이트를 통해 유저에게 "우리는 신선한 패티만을 사용한다"는 점을 각인시켰다. 포트나이트에서는 햄버거팀와 피자팀으로 나눠서 전투를 벌이는 푸드 파이트(Food Fight)를 진행하였다. 모두가 웬디스는 당연히 버거팀인 Durrr Burger의 일원으로 전투에 참가할 것이라고 생각했지만, 웬디스 팀은 트

출처 : 2019년 칸광고제 공식 홈페이지, 웬디스 트윗

포트나이트에서 웬디스(Wendy's)의 푸드파이터 전투

위터를 통해 "Durrr Burger는 냉동고 투성인데 웬디스는 절대로 냉동된 쇠고기를 사용하지 않는다"라는 점을 강조하면서 피자팀에 참여하여 전투를 치르겠다는 의사를 밝혔다. 웬디스는 9시간 동안 적군의 플레이어와 전투를 벌이지 않고 대신 게임 속 Durrr Burger의 냉동고를 집중적으로 파괴하고 다녔으며, 그 모습은 게임 전용 글로벌 방송 커뮤니티인 트위치(Twitch)를 통해 생중계되었다. '웬디스의 마스코트가 게임 속 냉동고만을 찾아다니면서 총기를 난사한다'는 소식이 게임 플레이어 사이에서 순식간에 화제가 되면서 입소문을 탔다. 또한 트위치의 300만 팔로워는 게임 속에서 냉동고 없애기에 동참함으로써 '웬디스는 냉장된 쇠고기만 사용한다'는 웬디스의 브랜드 철학을 이용자에게 다시금 새기는 동시에 소비자가 기업을 대신해서 브랜드를 알리는 공동창조의 수혜를 입게 되었다.

2020년 4월 미국의 유명 래퍼 트래비스 스콧(Travis Scott)은 앨범 발매기념으로 포트나이트에서 자신의 아바타를 내세워 가상 콘서트를 진행했다. 매일 9분씩 5일간 진행한 콘서트는 1,230만 명 이상의 동시 접속자가 라이브에 참여하여 트래비스 스콧 아바타와 함께 춤을 추며 가상공간을 돌아다녔고, 스콧의 가상 아이템 판매를 포함하여 약 2,000만 달러(약 220억 원)의 매출을 기록했다. 트래비스 스콧의 콘서트는 유튜브와 트위치와 같은 스트리밍 플랫폼뿐만 아니라 페이스북과 인스타그램과 같은 소셜미디어 플랫폼에도 막대한 영향을 미쳤다. 콘서트와 관련된 콘텐츠 상호작용이 1,790만 건 이상이었다. 콘서트 기간 동안 스콧의 아바타는 다양한 나이키 조던(Nike Jordan)을 착용했는데, 나이키 브랜드 노출로 인해 창출된 금전적 가치는 엄청나다. 페이스북과 인스타그램에서 나이키를 언급하는 콘텐츠의 상호작용이 43만 3천 회 이상이었는데 그중 트래비스 스콧의 아바타가 착용한 조던 1호가 대부분 언급되었다. 콘서트와 관련된 상위 5개의 유튜브 영상으로 인해 발생되는 나이키 브랜드 노출 가치는 약 51만 8천 달러로 추정되며, 이는 나이키가 30초짜리 광고를 했을 때와 유사한 효과다. 이 사례는 단순히 기업과 고객 간의 공동창작의 의미를 넘어서, 고객과 고객 간의 상호작용을 통해 잠재고객을 집객시키는 동시에, 기업에 경제적인 가치도 함께 전달할 수 있는 수단으로 메타버스가 활용되고 있음을 시사한다.

버추얼 인플루언서 로지는 되고 사이버 가수 아담은 안 되는 이유 _____

최근 아이돌급 미모와 몸매를 자랑하는 버추얼 인플루언서(Virtual

Influencer; 가상유명인) 로지(Rozy)가 국내 광고 시장을 휩쓸고 있다. 1998년 국내 최초로 사이버가수 아담이 등장했을 당시와는 매우 다른 상황이다. 아담은 인간보다는 기계에 더 가까운 사이보그(cyborg)였다. 사람들과 교류하고 대중과 교감하는 의사소통 능력이 없었기 때문이다. 팬미팅이나 행사 등에 참여하기보다는 TV 프로그램이라는 한정된 매체를 통해 활동했다. 그 당시 기술력도 문제였다. 30초 분량의 짧은 영상을 제작하기 위해서 5-6명의 엔지니어가 2개월 수작업을 해야 했다. 반면 로지는 AI 기술을 기반으로 사람처럼 움직이고 말하는 인간적인 교감을 통해 소비자와 교류하며 친근감을 유도한다. 활동무대 또한 보험사의 TV 광고모델부터 홈쇼핑의 쇼호스트까지 확대되고 있다. MZ세대에게 보다 친근하게 다가가기 위해 SNS를 통해 일상, 여행, 환경, 패션과 관련된 테마로 사진을 올리기도 하고 "매년 더워지는 지구를 위해 빨대는 거절해도 괜찮아요"와 같은 게시글을 올리기도 한다. 최근에는 환경보호캠페인에도 참여하고 있어, 로지의 선한 영향력은 계속 높아지고 있다.

버추얼 인플루언서의 인기는 해외시장에서도 뜨겁다. 전 세계에서 가장 많은 SNS 팔로워를 보유하고 있는 버추얼 인플루언서 릴 미켈라(Lil Miquela)는 미국의 가상인간이다. 샤넬, 프라다, 지방시와 같은 명품 브랜드 패션모델과 뮤지션으로 활동하고, 2018년 미국 시사주간지 타임지가 선정한 '온라인에서 가장 영향력 있는 25인'에 BTS와 함께 오르기도 하였다. 2019년 패션 브랜드 'CLUB404'를 론칭하며 패션 디자이너로도 활약하고 있다. 인스타그램을 통해 자신의 신념을 공유하고 사회문제에

버추얼 인플루언서 로지의 일상

목소리를 내면서 선한 영향력을 펼치고 있는 면에서 MZ세대와 닮아 그들의 공감을 얻고 있다.

● MZ세대 소통의 공간 - 제페토

우리나라 대표적인 메타버스 플랫폼 '제페토'는 여타 SNS처럼 실시간 피드가 있어, 아바타 셀피도 올리고, 세계 각국의 이용자와 실시간으로 메시지를 주고받으면서 옆에 있는 것처럼 소통이 가능하다. 또한 이 플랫폼 안에서 아바타의 아이템을 직접 만들어서 다른 사람에게 판매를 할 수 있기 때문에 소비자가 직접 생산활동에 참여할 수 있다.

엔터테인먼트 기업들은 1020세대에게 인기가 많은 아이돌과 관련된 상품을 판매하며 젊은 세대와의 소통의 기회를 개척해 나가고 있다. 소비자는 메타버스에서 자신이 선망하는 아이돌 스타처럼 자신을 꾸밀 수 있고, 아이돌과 1:1 교류하면서 더욱더 가까워질 수 있다. 예컨대 블랙핑크는 제페토에서 가상 팬 사인회를 열었고, 전 세계 팬 4,600만 명이 참석해서 20만 개 이상 게시물이 달린 사례가 있다.

정치권도 메타버스에 주목하고 있다. 미국의 59대 대통령 선거에서 바이든 후보는 이미 메타버스를 통해 적극적인 선거 유세를 펼친 적이 있다. 닌텐도 게임 '모여봐요 동물의 숲'에 선거 캠페인 사무실과 투표소 등의 공간을 만들고, 10-30대 젊은 세대와의 쌍방향 소통을 통해 공약, 그의 사적인 경험 등을 공유하는 등 바이든 후보에 관한 다양한 정보를 유권자들이 친근하게 접할 수 있게 노력했다. 우리나라 역시 메타버스를 선거 유세에 활용하고 있다. 2022년에 치러질 우리나라 20대 대통령선거 대선 후보들도 '제페토'를 활용하여 MZ세대와의 소통의 장을 마련하고 있다. 가상의 공간에서 팬미팅을 개최하고, 대선 후보의 아바타와 셀카를 촬영할 수 있는 '포토 부스' 공간을 마련하는 등 MZ세대에게 친근한 이미지로 다가가기 위한 노력을 하고 있다.

향후 소비자에게 기억될 메타버스 기업 : 페이스북 _____

최근 들어 페이스북(현 메타), 애플, 마이크로소프트 등 빅테크 기업이 메타버스의 주도권을 확보하기 위해 집중적으로 투자하고 있다.

2021년 7월 페이스북 최고경영자 마크 저커버그는 5년 내 회사를 소셜미디어 업체에서 메타버스 기업으로 전환하겠다고 밝혔다.

2015년 기존 AR/VR팀을 페이스북 리얼리티 랩 연구소(Facebook Reality Labs Research)로 전환하면서 가상현실(VR)에서 공간인식, 발열, 무게감소 등과 같은 HMD기술을 개선하는 데 집중하고 있다. 페이스북은 2020년 10월 가상현실 기기 오큘러스 퀘스트2를 출시하여 80일 만에 110만 대를 판매했으며, 이는 아이폰이 처음 시장이 출시되었을 때의 판매 속도와 비슷한 수치다. 또한 가상현실 공간에서 아바타를 이용해 친구와 대화하거나 게임, 영화를 즐길 수 있는 가상현실 기반 소셜미디어 호라이즌(Horizon)을 2019년부터 비공개 테스트 중이다. 2021년 현재 전체 페이스북 임직원 수의 20%인 약 1만 명을 리얼리티 랩 연구소로 투입시켰다. 앞으로 페이스북은 고성능 하드웨어를 대중화하고 저가격에 보급해 생태계를 구축하고, 전 세계 30억 명의 페이스북 사용자를 팬덤으로 락인시켜 가상현실, 증강현실(AR)을 기반으로 한 새로운 플랫폼 강자로 재탄생할 것이다.

PART **2**

보수적인 식품 시장의 변화

포스트 코로나
식품 마케팅 생존 전략

2020년 2월 코로나19가 우리에게 다가온 후 인간 생활의 3대 요소인 의식주에도 다양한 변화가 생겨났다. 집에 머무는 시간이 늘어나면서 인테리어 리모델링 시장이 활성화되었으나, 섬유의류업계는 청와대 청원글이 올라올 정도로 시장이 얼어붙고 기업의 매출이 감소하였다. 식품 시장은 어떻게 변화하였을까? '재택 근무' '온라인 수업' '사회적 거리두기'와 같은 생활 방식의 변화로 음식을 먹는 장소와 음식 형태에서 큰 변화가 생겨났고, 오프라인 매장 위주의 외식업은 마케팅 활동이 아닌 방역과 생존을 고민해야만 했다.

이와 같은 상황에서 계획했던 마케팅 전략은 모두 진행되었을까? 카페는 여름 신메뉴를 출시하고 다양한 마케팅 활동을 수행할 수 있었을까? 커피엑스포, 서울 카페쇼와 같은 식품 관련 박람회는 정상적으로 운영될 수 있었을까? 기업은 어떠한 마케팅 활동을 새롭게 기획하여 변화된 시장 현황에 대응하고 있을까?

코로나19가 가져온 변화는 우리가 당연히 먹고 즐기던 식품 시장의 변화를 가져왔다. 코로나19가 종식되면 우리가 알던 식품 시장으로 돌아가게 될까? 식품 관련 마케팅 변화에 대해 생각해보자.

식품 시장이
변화한다

고객 접점의 변화 :
상권의 변화, 배달서비스 확대_____

　서울의 주요 상권이 변화하고 있다. 관광객과 회사원으로 북적이던 명동 거리는 2년 넘게 지속된 코로나19로 인하여 유례없는 공실 사태를 겪고 있다. 회사원의 일터가 집으로 바뀌고, 영업시간 제한으로 저녁 9시가 되면 집으로 발길을 돌리는 등 주요 고객의 동선이 달라진 결과로 나타난 현상이다. 코로나19가 장기화됨에 따라 임대료를 낮춰도 공실을 채우기 쉽지 않은 상황이다.

　이와 같은 상황은 회사가 밀집된 도심지일수록 심하게 나타나고 있다. 서울대학교 환경대학원과 스탠퍼드대학 아태연구소의 스터디 그룹

음식 배달서비스 이용 빈도 증가 이유

구분 (상위 5개)	답변율(%)	증감률(%)
외부 환경 요인으로 외출이 꺼려져서	73.4%	+17.1%
음식을 해먹기 귀찮아서	58.5%	-8.8%
배달시킬 수 있는 메뉴가 다양해져서	52.2%	-0.1%
배달서비스가 익숙해져서	43.5%	-1.7%
시간을 아낄 수가 있어서	28.4%	-4.6%

출처 : 오픈서베이 (2021년 5월, N=971/복수 응답)

에서 분석한 '2020 서울권역 지하철역 승차인원 감소율'을 보면 명동, 종로3가, 이태원 등의 도심 상권은 전년 대비 유동인구가 60% 이상 감소하였으나 여의도, 가산디지털단지의 경우 15-20% 수준으로 소폭 감소하는 것에 그친 것을 알 수 있다.

● 새로운 변화 - 배달서비스 확대

코로나19로 집에 머무는 시간이 늘어나면서 배달서비스 이용이 증가하고 있다. 2021년 5월 오픈서베이의 '배달서비스 트렌드 리포트'에 따르면 1년 전과 비교하여 배달서비스 이용이 증가했다는 비율은 약 70%로 전년 대비 큰 폭의 증가세를 보이고 있다(+16.7%). 이는 남성보다는 여성, 서울 및 수도권일수록 높게 나타났다. 또한 '집에서 먹는 일상적인 식사'를 위해 배달서비스를 이용하는 빈도가 증가하고 있는 것으로 나타났다. 코로나19로 인하여 외출이 꺼려져 이용한다는 답변 비율이 가장 높게 나타났으나, 배달서비스 메뉴가 다양해지고 사용이 익숙해졌다는 답변도 있었다. 배달서비스가 다양한 수요층을 포용할 수 있도록 메뉴를 다양화하는 긍정적인 변화가 이루어지고, 사용이 익숙해진 만큼 소비자의 생활에 깊숙히 파고들고 있다고 분석된다.

먹는 습관의 변화 :
뷰맛집, 찍심 _____

소비자가 식품을 구매하는 요소에 음식의 맛만큼이나 시각적인 아름다움이 차지하는 비중이 늘어나고 있다. '뷰맛집' '찍심'이라는 단어는 SNS 사용에 익숙하고 이를 통해 자신을 표현하고 타인과 소통하길 희망하는 MZ세대의 특징을 잘 나타낸 단어가 아닐까?

● 공간을 찾아가다 - 뷰맛집

2020년 4월 경기관광공사가 7,577명을 대상으로 "코로나19가 종식되면 가장 먼저 무엇을 하고 싶은가요?"라는 질문에 여행을 가고 싶다는 답변이 63%로 가장 높게 나왔다. 코로나19로 인한 집콕 생활의 답답함을 해소하기 위해 자연 경관을 느낄 수 있는 여행지를 선택한 것으로 판단된다. 현재의 고객 심리도 이와 다르지 않을 것이다.

즉, 도심에서 먼 여행지로 인파가 몰리고 있다. 얼마 전(2021년 7월 18일자 연합뉴스)에 나온 "발길 넘친 바닷가, 뜸한 수도권… 거리두기에 엇갈린 주말 풍경"이라는 언론 보도에서 보듯 수도권의 사회적 거리두기가 강화되다 보니 바다와 산처럼 거리두기 지침이 강화되지 않고, 상대적으로

경기관광공사의 설문조사

코로나19가 종식되면 가장 먼저 무엇을 하고 싶은가요?	코로나19 종식 후 국내여행을 간다면 어디로 가고 싶은가요?	코로나19 이후 여행지 선정의 중요한 요소는 무엇인가요?
국내여행 47%	자연(강·바다·산·호수) 39%	여행객 밀집도 28%
국외여행 16%	공원, 수목원, 휴양림 19%	관광지 매력도 25%
지인 모임 16%	레저활동(낚시, 캠핑) 13%	시설, 위생상태 20%
영화 공연 관람 14%	놀이공원, 테마파크 12%	실내·외 여부 13%
운동(헬스장, 수영장 등) 7%	전시장(박물관, 미술관) 9%	접근성(거리, 교통) 12%
	유명 맛집 8%	주변 맛집 3%

출처 : 경기관광공사 (2020년)

인구 밀집도가 낮은 외곽 지역으로 사람들이 몰리고 있다. 이미 제주도와 강원도 등 유명 관광지의 호텔은 주말 예약이 불가능하다.

여행지에 가도 코로나19 감염에 대한 우려로 관광객이 할 수 있는 행동은 극히 제한적일 것이다. 자연 경관을 보거나, 인스타그램 같은 SNS에 담을 수 있는 맛집을 방문하는 것이다. 만약 이 두 가지를 동시에 만족할 수 있는 공간이 있다면 어떨까? 아마도 많은 사람이 방문하여 여행의 추억을 만들 것이다. 이러한 관광객의 심리를 나타내는 키워드가 '뷰맛집'이다. 다음 그래프에서 보듯 코로나19가 발생한 2020년 2월부터 검색량이 증가하고 있으며, 위드코로나가 진행될수록 더 증가될 것으로 예상된다.

● 공간과 음식을 담다 - 찍심

식품이 '인스타그래머블'(Instagramable)해지고 있다. 인스타그래머블이란 '인스타그램에 올릴 만한'이라는 뜻의 신조어로, 젊은 세대의 새로

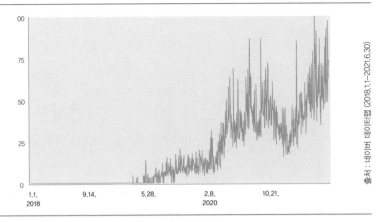

출처 : 네이버 데이터랩 (2018.1.~2021.6.30)

검색어 트렌드 _ 뷰맛집

운 소비 기준이 되고 있다. 찍심도 이러한 트렌드를 반영하는 신조어이며 본인의 인스타그램에 올릴 사진을 찍고 싶은 마음이 드는 것을 의미한다.

신라호텔의 시그니처 메뉴로 자리 잡은 망고빙수는 6만 원이 넘는 높은 가격에도 긴 웨이팅 후에야 먹을 수 있다. 인스타그램에도 신라호텔 망고빙수 인증 사진이 1만 개 이상 등록되어 있다. 호텔이라는 공간과 화려한 메뉴가 인스타그래머블한 것이다. 즉, SNS를 통해 자신의 소비와 일상을 적극적으로 공유하고자 하는 MZ세대의 찍심 욕구를 자극하고 있다고 할 수 있다. 2020년 실시된 소비자 조사 결과에서도 음식(26.1%)이 고가의 명품 구입(53.1%), 세계 여행(28.6%)과 더불어 MZ세대의 플렉스 소비 중 하나로 확인되고 있다. (사람인, 20-30대 3,064명 복수 응답)

변하는 환경에
적응해야 살아남는다

기업은 마케팅 활동을 위해 항상 소비자의 요구사항과 시장의 변화를 분석하고 제품 및 서비스를 홍보하기 위한 적절한 방법을 강구하고 있다. 코로나19로 다양한 마케팅 활동이 제한된 상황임에도 불구하고 여러 방안을 시도하고 있다.

보이는 즐거움 :
차별화된 인테리어 _____

요즘 새롭게 선보인 카페나 식당을 가보면 기존과 다른 차별화된 인테리어로 꾸며져 있다. 70-80년대 부잣집에서 볼 수 있던 자개장과 병풍

카페 하이웨스트

청담 회장님댁

차별화된 매장 인테리어

을 사용하여 고풍스러운 인테리어를 추구하는 매장도 있고, 날씨 좋은 봄소풍 나온 것처럼 산뜻하고 아기자기한 콘셉트의 인테리어로 여심을 잡고자 하는 매장도 있다.

매장 인테리어에 많은 비용을 투자할수록 고정비가 높아지기 때문에 운영에 대한 부담감이 가중될 수밖에 없다. 하지만 이러한 위험을 무릅쓰더라도 인테리어에 투자하는 이유는 무엇일까? 브랜드의 차별화된 콘셉트를 강조할 수 있다는 장점도 있지만 결국 앞서 언급한 고객의 '찍심'을 자극하기 위함이다. 잘 꾸며진 매장은 유명 인플루언서의 방문이 이어질

테고, 이들이 촬영한 사진과 동영상은 유튜브 등으로 확산될 것이기 때문이다. 그래서 요즘은 매장 인테리어에 사진이 잘 나오는 포토존까지 고려하여 설계하기도 한다.

● 인테리어를 활용한 마케팅 활동의 장점은 무엇일까?

고객이 식당을 선택할 때 타인의 리뷰와 평점을 참고하는 건 자연스러운 행동이 되었다. 앞서 언급한 인플루언서의 영향력이 증대된 이유다. 일반적인 리뷰의 내용은 음식의 맛에 대한 평가, 매장 인테리어에 대한 평가, 직원 서비스에 대한 평가 등으로 구성되어 있다. 하지만 '별점 테러' '고의적 악플'과 같이 리뷰의 객관성이 의심되고 있는 요즘, 리뷰를 검색한 사람이 본인의 눈으로 직접 보고 판단할 수밖에 없는 매장 '인테리어' 사진이 가장 객관성 높은 정보가 아닐까? 고객의 '찍심'을 자극하는 인테리어 마케팅이 활성화될 수밖에 없는 이유다.

안전함과 간편함 :
컵빙수 _____

더운 여름 많은 사람의 더위를 식혀주는 대표적인 음식으로 팥빙수를 떠올릴 것이다. 아마도 팥빙수 먹는 모습을 상상해보면, 다양한 과일과 떡이 올려져 있고, 친구 여럿이 매장 안에 앉아 각자의 수저로 나눠 먹는 장면일 것이다. 하지만 코로나19로 '사회적 거리두기'와 '개인 위생'이 강

코로나19로 인한 팥빙수 TPO의 변화

구분	As-Is	To-Be
사진		
시간	더위를 식히고 싶을 때	더위를 식히고 싶을 때
장소	매장 내부	매장 내부 + 매장 외부
언제	1개의 메뉴를 여러 명이서 음용	각자 1개의 메뉴를 주문하여 음용

출처 : 인스타그램

조되는 현재 상황에서 이전처럼 팥빙수를 먹을 수 있을까? 여러 명이 음식을 나눠 먹기도 조심스럽지만, 매장 안 취식 제한으로 먹을 기회도 줄어들었다. 당연히 팥빙수 판매량은 감소했고 이를 타개하고자 팥빙수 업체는 변화를 도모했다. 즉, 매장 밖에서도 팥빙수를 먹을 수 있도록 배달 서비스를 도입하고, '개인 위생'을 고려한 '컵빙수'(1인 빙수) 메뉴를 출시한 것이다. 이와 같은 변화는 팥빙수의 TPO(Time, Place, Occasion)를 다양화한 새로운 시도라고 할 수 있다.

컵빙수의 예처럼 식품업계는 위와 같이 제품의 판매량을 늘리기 위해 소비자에게 각인된 TPO를 허무는 마케팅 활동을 시도하고 있다. 대규모 투자 없이 기존 제품의 용기, 용량, 용도 등을 변경하여 새로운 시장을 만들어 나갈 수 있다는 장점이 있기 때문에 코로나19로 투자가 위축된 기업은 도입해볼 만한 마케팅 활동이다.

● TPO의 변화를 준 사례는 무엇이 있을까?

첫째, 시간(Time)의 변화를 주는 경우다. 대표적인 사례가 맥도날드의 맥모닝 메뉴다. 새벽 4시부터 오전 10시 30분까지 특정 시간대를 노리고 마케팅 활동을 하고 있으며, 기존의 양이 많고 푸짐한 햄버거를 아침 식사용으로 개발하여 커피와 함께 판매하고 있다. 홈페이지에 적힌 "갓 구워낸 신선한 맥모닝으로 따뜻한 아침식사를 챙겨 드세요"라는 문구는 커피 한 잔 마시며 간단히 식사를 해결하고 싶은 직장인의 심리를 정확히 파악하고 있다.

둘째, 장소(Place)의 변화를 주는 경우다. 2020년 7월 오리온은 회사 탕비실에 다양한 과자를 구입해 놓고 간식으로 먹는 수요를 발굴하고, 한 입에 먹을 수 있는 제품들을 모아 "간식이 필요해" 시리즈를 선보였다. 어렸을 적 부모님께 받았던 선물세트가 생각나는 구성으로, 근무 중에도 주변 사람의 눈치를 보지 않고 먹을 수 있도록 한 입 과자 위주로 구성하는 섬세함을 확인할 수 있다.

셋째, 상황(Occasion)의 변화를 주는 경우다. 비비고 한섬만두는 만두도 든든한 한 끼 식사가 될 수 있다는 콘셉트로 출시되었다. 이를 위해 기존 제품보다 크게 만들어 부추와 목이버섯 등 다양한 내용물을 가득 넣었다. 간식이나 야식으로 먹던 만두에서 한 끼를 대체할 수 있는 식사로 탈바꿈한 것이다.

TPO의 변화를 통해 신규 수요처를 발굴하는 마케팅 활동은 앞의 세

TPO를 활용한 마케팅 사례

시간	장소	언제
맥도날드_맥모닝	오리온_간식이 필요해	CJ제일제당_비비고 한섬만두

출처 : 홈페이지 및 인스타그램

가지 사례에서 확인할 수 있듯 큰 투자비용 없이 추진할 수 있다는 장점이 있다. 또한 현재 판매 중인 제품을 활용할 수 있어 단기적으로 매출을 증대시킬 수 있는 효과도 있다. 자사 제품의 경쟁력을 점검하고 고민해보면 어떨까?

편리한 즐거움 :
배달 메뉴의 다양화 _____

코로나19 확산으로 배달서비스 사용 빈도가 증가되다 보니 새로운 음식과 맛집을 찾아 주문하기 어려워졌다. 매일 똑같은 음식만 주문하게 되니 말이다. 하지만 이러한 상황에 변화가 생기기 시작했다. 재택 근무 후 배달서비스를 통해 식사를 하려는 부부의 대화를 통해 알아보자.

남편 : 여보, 저녁 뭐 먹을래요?

아내 : 배달 음식은 메뉴가 다 똑같은데 새로운 것 없어요?

남편 : 어제는 피자를 먹었고, 그제는 중국요리를 먹었으니 오늘은 치킨 주문할까요?

아내 : 지하철역 앞에 있는 낙지집 맛있던데?

남편 : 그 집은 배달 안 되잖아요. 밖에 비도 오고…

아내 : 산책한다 생각하고 포장하러 갈까?

남편 : 잠시만. 어? 여기 배달되는데? 이제는 동네 맛집도 배달되는구나.

배달 음식이 다양해지고 있다. 이제는 '이것도 배달이 가능한가?'라는 생각이 들 정도로 메뉴와 브랜드가 다양화되고 있다. 이러한 현상은 코로나19로 인한 사회적 거리두기 강화와 영업시간 제한으로 집객력이 떨어진 외식업체와 경쟁사 대비 차별성을 확보하고자 하는 배달서비스 업체의 생각이 일치한 덕분에 가능했다. 동네 유명한 맛집, 대형 프랜차이즈

다양한 배달서비스

출처 : 홈페이지 및 앱

레스토랑, 배달 중 녹지 않을까 걱정되었던 아이스 음료까지도 배달서비스를 이용해 집에서 편히 받을 수 있게 되었다.

이러한 변화는 앞서 언급한 상권의 변화에 긍정적인 영향을 줄 것이다. 동네 맛집은 배달서비스 제공으로 매출이 증가될 것이며, 업체 간 경쟁으로 음식의 품질과 서비스는 개선될 것이다. 골목 상권의 경쟁력은 탄탄해질 것이며 다양한 신규업체가 생겨날 것이다.

만드는 즐거움 :
레시피 마케팅

코로나19가 확산되기 시작한 2020년 2월 '달고나 커피'가 온라인을 뜨겁게 달구기 시작했다. 뜨거운 물에 커피와 설탕을 넣고 400백 번 이상 휘저어야 만들 수 있는 '달고나 커피'가 이렇게 큰 관심을 받은 이유는 무엇일까? 사람들은 '사회적 거리두기' 강화로 인하여 집에 있는 시간이 늘어나면서 집콕 생활의 답답함을 해소하기 위한 방법을 찾기 시작했고, 집에서 커피를 즐기는 홈카페 문화의 확산과 결합하여 탄생한 하나의 현상이다. '달고나 커피'의 뜨거운 열풍은 네이버 데이터랩의 검색어 트렌드에서도 확인된다.

● 제2의 '달고나 커피'를 찾아라
'달고나 커피' 열풍이라는 사회적 현상을 확인한 식품 기업은 고민하

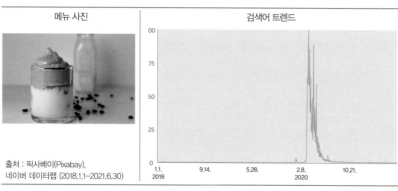

메뉴 사진	검색어 트렌드

출처 : 픽사베이(Pixabay),
네이버 데이터랩 (2018.1.1~2021.6.30)

검색어 트렌드 _ 달고나 커피

기 시작했다. 레시피 마케팅은 오프라인 마케팅 활동이 제약된 상황에서 온라인만 활용해도 고객의 참여를 이끌어낼 수 있는 좋은 수단이기 때문이다. 이러한 시도가 아주 새롭지는 않지만 코로나19 상황에서 기업이 펼칠 수 있는 최적의 마케팅 활동이지 않을까? 어떤 활동이 있는지 알아보자.

첫째, 기업 주도적 마케팅이다. 가장 대표적인 사례가 동원F&B의 참치 레시피 마케팅이다. 동원F&B의 레시피 마케팅은 2019년부터 나타난 변화로, 참치 제품이 지닌 장점을 홍보하던 기존의 마케팅 활동에서 벗어나 참치를 활용한 다양한 메뉴를 광고로 소개하고 있다. '맛의 대참치'라는 문구는 기업의 마케팅 활동을 고객이 쉽게 인지할 수 있도록 만들어졌으며, 중독적인 CM송은 이를 더 깊게 각인시키고 있다. 또한 조정석, 손나은, 정동원 등 매년 친숙한 광고모델을 선정하여 이러한 마케팅 활동을 지속하고 있다. 코로나19로 홈쿡(Home Cook)이 늘어나고 있는 현상을 정확히 인지하고 레시피 마케팅을 적극적으로 활용한 사례라고 할 수 있다.

– 2019년	2019년 – 현재
제품의 기능성 광고 (영양 및 편리성 강조)	참치를 활용한 레시피 광고 (활용성 강조)

출처 : 동원F&B 유튜브 채널

동원F&B의 참치 레시피 마케팅

둘째, 고객 참여형 마케팅이다. 고객의 참여를 활용한 레시피 마케팅이다. 이디야 커피는 2020년 11월 국산 우유와 이디야 커피믹스 비니스트(BEANIST)를 활용하여 나만의 라떼 레시피를 개발하는 이벤트를 진행하였다. 총 168건이 제안되었으며 그중 9개의 레시피가 최우수상, 우수상 등으로 선정되었다. 제안된 레시피는 누구나 집에서 간단히 만들어 먹을 수 있으며, 고가의 기계 없이 가능하다는 장점이 있다. 레시피를 만드는 원료인 1회용 믹스커피는 전국 이디야 커피 매장 및 온라인 쇼핑을 통해 고객이 쉽게 구매할 수 있다. 또한 9개의 레시피는 이디야 홈페이지에 상시 게재되어 있어 누구라도 쉽게 접근할 수 있도록 하였다.

이러한 마케팅 활동은 자사 제품을 활용하여 고객과의 소통을 강화할

운영 결과	레시피 사례

이디야 커피의 고객 참여형 레시피 마케팅

수 있으며, 제안된 아이디어를 다른 메뉴 개발에도 접목시킬 수 있다. (실제 이디야 커피 담당자가 제안된 메뉴에 대한 간략한 의견을 작성하여 고객과 소통하고 있다. 예 : 홍삼이 달다 달아, 쓴맛이 날 것 같은 편견은 버리기!! 아이스크림 위걸쭉하게 눌러 앉은 홍삼의 깊은 풍미를 느껴보자!)

그래도 소비자의 본질은
변하지 않는다

코로나19로 인해 시장 환경은 변화하지만, 사회활동과 소비력이 왕성한 20-40대 초반의 MZ세대가 주요 고객이 될 수밖에 없는 현실은 동일하다. 이들의 관심사와 소통은 지속되어야 하며 다양한 마케팅 활동이 이루어져야 한다.

신념의 충족 :
이디야, 풀무원, 매일유업 _____

MZ세대의 환경·윤리적 가치를 중시하는 특징은 코로나19로 인하여 달라지거나 변하지 않았고, 이후에도 달라지지 않을 것이다. 본인의 가치

친환경 활동

이디야	풀무원	매일유업
친환경 종이컵 사용	생수 라벨 미부착	플라스틱 빨대 미사용

출처 : 각 홈페이지

관과 신념에 투자하거나 소비하며, 사회에 선한 영향력을 주고자 하는 특징은 지속될 것이다.

환경에 대한 기업의 관심은 어떨까? 기업의 입장에서 보면, 이제는 환경에 대한 고려는 선택이 아닌 필수인 시대가 되었다. 정부는 2018년부터 식당과 카페에서 사용하는 빨대, 플라스틱컵 등 일회용품에 대한 사용 규제를 강화하였고, 최근에는 ESG 경영이 사회적 이슈로 떠오르며 기업의 친환경 활동이 중요한 경영 지표로 평가받고 있기 때문이다.

일부 업체는 발 빠르게 움직이고 있다. 첫째, 이디야는 한솔제지와 업무협약(MOU)을 체결하고 한솔제지가 개발한 친환경 종이제품 '테라바스'를 종이컵으로 사용하기로 하였다. '테라바스'는 플라스틱 계열의 폴리에틸렌(PB) 코팅 대신 한솔제지가 개발한 수용성 코팅액을 사용한 제품으로, 재활용이 용이한 종이 소재로 플라스틱을 대체할 수 있다. 이디야는 한솔제지와 협업하여 일회용품 절감 방안을 지속적으로 검토할 예정이다. 둘째, 풀무원은 2021년 6월부터 재활용이 용이하도록 라벨이 없는 생수 용기를 개발하여 출시하고 있으며, 초경량 뚜껑과 용기를 적용하여 플라스틱 사용량도 줄이고자 노력하고 있다. 셋째, 플라스틱 빨대를 미사용한 매일유업 사례도 있다. 고객의 요구사항을 회사 정책에 반영한 사례로 고객과의 소통을 중시한 좋은 사례다.

이외에도 배달서비스가 활성화되어 사용량이 많아진 아이스팩도 아이스팩 내부에 광합성 미생물을 주입시키거나(SSG닷컴), 포장용기를 종이로 만들어 재활용 배출이 가능하도록 만드는(마켓컬리) 등 환경을 고려하여 품질을 개선하고 있다. 기업의 이러한 활동은 신규 원자재 개발 비용, 원가 상승 등 기업의 손익 관점에서 보면 부정적인 요인이 발생할 수도 있다. 하지만 시장의 소비자가 이러한 활동으로 그 기업의 이미지와 가치를 평가한다면 적극적으로 도입해야 할 것이다.

소통의 방법:
서울 카페쇼

코로나19로 인하여 가장 큰 타격을 받은 업종 중에 하나가 각종 전시회를 운영하는 컨벤션업이다. 코로나19 확산을 우려하여 많은 전시회가 축소 운영되거나 취소되었기 때문이다. 특히 관심 있는 제품이 있을 경우 마스크를 내리고 시음해야 하는 식품 전시회의 경우 더 큰 타격을 받았다. 전시회가 운영되어도 많은 사람이 다수의 인원이 밀집된 공간에서 선뜻 마스크 내리는 것을 기피하거나 방문을 삼갔기에 홍보·판매 효과가

출처 : 서울 카페쇼 홈페이지

전시회의 변화를 볼 수 있는 서울 카페쇼의 온라인 전시관

반감되었다. 또한 이를 예상한 업체들이 전시회 참가를 취소함으로써 규모와 내실이 줄어들었다.

　컨벤션 업계는 대응방안을 고심하였다. 전시회 일정을 연기하고, 온라인 전시관을 운영하거나 유튜버와 함께 랜선 투어로 운영한 것이다. 이같은 방법이 과연 효과가 있을까? 그 실례가 '2021 서울 카페쇼'의 온라인 운영이다. 식품 전시회는 상대적으로 마케팅 수단이 부족한 B2B 업체들이 참여하고 있다. 커피원두, 커피머신 등 그들이 가진 설비와 원료를 홍보하고 시음 및 상담을 통해 계약을 체결하는 공간이다. 하지만 시장 동향을 조사하기 위한 기능도 존재한다. 업체별 신제품 출시 동향, 친환경 소재 업체 발굴 등 업무를 추진함에 있어 필요한 정보를 수집하기 위해 참석하는 것이다.

　온라인 전시관 및 랜선 투어는 비록 제품을 체험할 수는 없지만, 시장 정보를 취합하고자 하는 고객의 요구사항은 충족시켜줄 수 있다. 시장 정보를 분석한 후 관심업체의 담당자에게 연락하여 샘플과 추가 정보를 요청할 수 있기 때문이다. 유튜브 채널 등을 통해 정보를 검색하는 것에 익숙한 MZ세대는 이와 같은 변화를 충분히 수용할 것이며, 해외 전시회 방문이 어려운 상황에서 관심있는 전시회가 서울 카페쇼처럼 온라인 전시관과 랜선 투어를 어떻게 운영하는지 검색해본다면 좋은 대안을 마련할 수 있을 것이다.

분명 코로나19가 종식되면 제품을 체험할 수 있는 전시회는 다시 활성화될 것이다. B2B 업체가 고객에게 제품을 체험할 수 있도록 하는 중요한 마케팅 수단이기 때문이다. 하지만 앞서 언급한 바와 같이 다수의 인원이 함께 소통할 수 있는 온라인 전시회는 병행될 것이며, 최소한의 비용으로 국내외 관심 고객을 유치할 수 있을 방편이다.

공간과 경험의 공유 : 공유주방, 렌털 서비스

'나눔'이라는 단어는 두 가지 관점에서 이야기하고자 한다. 첫째, 본인의 공간과 물건을 타인과 나누는 것이다. MZ세대의 특징 중 하나인 '공유 경제'와 연관지어 생각할 수 있으며, 대표적인 예가 '공유주방'과 '렌털 프로그램'이다. 만약 프랜차이즈 카페를 운영하고 있다면 코로나19로 매출이 감소하는 상황에서 신규 매장 확대와 설비 도입에 큰 비용을 투자하기 어려울 것이다. 이에 대한 고민을 해결할 수 있는 방안이 '공유주방'과

출처 : 농협 홈페이지

공유주방	운영 현황 (키친 밸리)

공유주방 사례 _ 키친 밸리

'렌털 프로그램'이다.

'공유주방'은 패스트파이브(FastFive)와 같은 공유 오피스 개념으로 도입되기 시작하였다. 배달 위주의 소규모 창업을 할 수 있는 공간으로 큰 투자비용 없이 창업할 수 있다는 장점이 있다. 하지만 코로나19 이전에는 주목받지 못했다. 주방이라는 자신만의 공간을 타인과 공유하기 쉽지 않았고, 결국 많은 업체가 폐점의 기로에 있었다. 하지만 코로나19가 모든 상황을 바꿔 놓았다. 배달서비스는 호황을 이루었고, 많은 사람이 '공유주방'으로 몰려들기 시작하였다.

현재 농협에서도 배달형 공유주방인 '농협공유주방' 1호점을 경기도 성남시에 오픈하였으며, 농협의 네트워크를 활용하여 국산 식자재를 사용하고 소비자에게 믿을 수 있는 푸드 서비스를 제공한다는 가치를 추구하고 있다. 이러한 변화에 맞추어 렌털 서비스 프로그램도 고가의 주방 설비까지 취급 범위를 확대하고 있다.

둘째, 경험을 나누는 것이다. 코로나19로 많은 매장이 폐점되는 상황에서 신규 투자는 큰 결단력이 없으면 불가능하다. 비용의 크고 작음을 떠나 성공에 대한 절실함이 매우 클 것이다. 소비자 행동론 관점에서 보면 소비자가 제품을 구매한 이후 실제 제품에 대한 만족도가 본인이 예측했던 수준보다 낮았을 때 불만족을 느끼는 현상을 '구매 후 부조화'라고 한다. 예를 들어 고가의 커피 머신을 구입하였는데 고장이 잦고, 사용법이 복잡하고, 매출도 오르지 않는다면 그 구매자는 불만족을 느낄 수 있다. 커피 머신 판매자는 고객의 이러한 불만을 지속적으로 해결해주고, 개선방안을 제시해주어야 할 것이다. 한 명의 고객이 아쉬운 코로나19 상황에서는 반드시 필요한 활동이겠다.

PART 3

고객과 함께
끊임없이 진화하는 매장

포스트 코로나 매장
생존 전략

가수 이적의 노래 '당연한 것들' 가사 속 "그때는 알지 못했죠 우리가 무얼 누리는지 거릴 걷고 친굴 만나고 손을 잡고 껴안아주던 것 우리에게 너무 당연한 것들"처럼 현재 우리는 과거에 당연히 누리던 것을 누리지 못한 채, '제발, 마스크만 벗을수 있다면'이 우리 모두의 소원이 된 코로나19 시대에 살고 있다. 2020년 1월 20일 국내 첫 확진자가 나온 이후 잠시 스쳐 지나갈 비처럼 여겼던 코로나19는 어느덧 만 2년을 넘어가고 있고, 이로 인하여 우리의 생활 공간과 일터 모두가 갑작스럽게 변화를 맞이하게 되었다.

특히, 다른 직군보다 트렌드에 민감하고 시장 적응력이 빠른 마케터에게 회사는 '비대면 프로세스 강화'와 방문객이 줄어든 '매장 활성화' 프로젝트의 해답을 숨 쉴 틈 없이 요구하고 있다.

마케팅 채널의 핵심인 오프라인 매장은 과연 이런 변화에 어떻게 적응해야 할까? 비대면과 합리적 소비 중심에 있는 MZ세대가 오프라인 매장과 친해질 수 있을지 그 가능성에 대해서 우리 주변에서 쉽게 찾아볼 수 있는 매장 사례를 통해 살펴보자.

동네책방은 어떻게
살아남아야 할까?

동네책방만의 차별화된 콘텐츠_____

과거부터 대표적으로 새로운 기술과 전염병은 사회 전반에 많은 변화를 불러오는 요인이 되었고, 우리는 이러한 변화에 적응해야만 했다. 최근 코로나19로 인하여 당연하게 여겼던 것을 누리지 못하고, 하루 빨리 마스크를 쓰지 않는 과거로 돌아가길 간절히 바라고만 있다.

과거 인터넷이 보급되며 온라인서점이 등장 후 동네마다 있었던 책방도 변화에 적응해야 했다. 코로나19와 함께 살아가고 있는 우리에게 코로나19 시대에 살아남은 동네책방은 주의깊게 살펴볼 만하다. 동네책방은 어떻게 변화에 적응하며 진화하고 있을까?

동네책방 책인감

　많은 동네책방이 트렌드를 내세우며 성공할 거라는 기대감으로 책방을 열었지만 실상은 그렇지 않았다. 또 온라인 서점이 장악하고 있는 시장 구조 속에서 동네책방이 수익을 창출하며 살아남는다는 것은 결코 쉬운 일이 아니었다. 실제로 동네책방에서 책을 구매하는 사람은 극소수에 불과하기 때문이다. 동네책방이 돌파구로 삼은 것은 인스타그램 등 SNS 채널을 통한 꾸준한 소통이었다. 책방 소식을 알리고, 향후 모임과 강좌 계획을 꾸준히 업데이트하는 한편 전화 주문과 특별 프로모션을 병행하는 등 오프라인과 온라인에서 고객과 지속적인 커뮤니케이션을 하며 답을 찾고 있었다.

　동네책방의 개성 넘치는 콘텐츠와 온라인 서점의 편리한 시스템을 비교해보면, 과연 고객은 어느 쪽을 선택할 것인가? 확실한 사실은 동네책방만이 채워줄 수 있는 어떤 빈 공간이 있다는 점이다. 이는 동네책방이 동네책방으로서 역할에 충실할 때, 즉 책 냄새를 풍기며 사람과 사람을 잇는 문화 공간으로서 순기능을 발휘할 때 성공적으로 살아남을 수 있다

서점 지도에 등록된 취향별 독립서점 (2020년 5월 기준)

구분	취향별	독립서점 수	비율(%)
1	커피·차가 있는 서점	176	30.2
2	독립출판물 서점	147	25.2
3	종합 서점	137	23.5
4	그림책 서점	71	12.2
5	인문사회과학 서점	61	10.5
6	큐레이션 서점	60	10.3
7	전시공연이 있는 서점	53	9.1
8	헌책방·고서점	45	7.7
9	술이 있는 서점	38	6.5
10	예술 서점	35	6
11	문학 서점	28	4.8
12	여행 서점	22	3.8
13	북스테이	20	3.4
14	어린이청소년 서점	20	3.4
15	커뮤니티	17	2.9
16	라이프스타일 서점	14	2.4
17	책처방	14	2.4
18	성평등 서점	7	1.2
19	만화 서점	4	0.7
20	잡지전문 서점	4	0.7
	합계	583	100

출처 : 북션맵 홈페이지

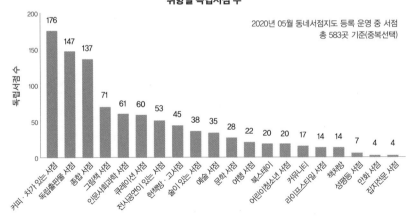

취향별 독립서점 수

2020년 05월 동네서점지도 등록 운영 중 서점
총 583곳 기준(중복선택)

는 뜻이다.

MZ세대는 흔히 비대면을 선호할 거라고 생각하지만, 이는 오해다. 그들은 개성 넘치는 콘셉트로 진화하는 '동네책방'에서 독서모임이나 소규모 강좌를 토대로 하는 대면 소통을 즐긴다.

소규모 동네책방의 생존전략에는 어떠한 것이 있을까? 동네서점 지도에 등록된 취향별 독립서점 현황(2020년 5월 기준)을 통해 알아보자.

● 차별화된 콘텐츠를 제공하는 방법

처음 동네책방의 주요 콘텐츠는 개인이나 그룹의 창작자가 만든 독립출판물과 아트북 중심이었다. 독립출판물과 아트북의 실험적인 콘텐츠에 MZ세대, 특히 20대 여성이 열광했다. 이런 콘텐츠가 인기를 얻은 이유는 기성복과 같은 대중적인 출판물과는 달리 다양한 개성과 취향을 가진 MZ세대의 요구에 부응했기 때문이다.

또한 동네책방은 커피와 차, 전시와 공연, 심리 상담과 책 처방 등 고객 취향에 따른 맞춤형 서비스와 독서모임과 북토크, 책 만들기 워크숍, 영화와 음악 감상모임 등 함께 즐길 수 있는 다양한 활동 등 차별화된 콘텐츠 경험을 제공했다. 한 분야 또는 한 장르의 책만 취급해 전문화하거나 책방 주인 취향으로 책을 골라 소개하는 큐레이션이 강조되는 경향도 흔히 볼 수 있다.

10평가량의 소규모 책방이 이처럼 온라인 서점, 대형 서점과 치열한 경쟁에도 불구하고 살아남을 수 있었던 배경에는 고객별 맞춤형 서비스와 활동으로 수익 다각화가 가능했기 때문이다. 예를 들어, 자연과 커피

인왕산 초소책방 더숲

를 담은 사색의 공간 인왕산 '초소책방'은 책방과 자연이 결합된 콘텐츠를 제공하는 책방으로, 고객에게 이색적인 경험을 선사하고 있다.

● 온라인을 통한 소통에 집중하는 방법

동네책방의 주요 고객 중 20-30대는 스마트폰 활용에 익숙한 MZ세대다. MZ세대는 온라인 검색으로 본인 취향에 맞는 책방을 찾아 거리에 상관없이 기꺼이 매장에 방문한다. 그리고 자신이 방문한 책방에서 경험한 것을 사진과 동영상으로 찍어 SNS에서 친구들과 적극적으로 공유·소통한다. 2020년 1월 기준 동네서점 지도에 등록된 동네책방 중 352곳이 인스타그램을 운영하고, 팔로워는 1,600만 명, 30만 개의 사진을 공유하고 있다. 대한민국 전체 인구의 50% 이상이 서울과 경기, 인천 등 수도권에 집중되어 있는 만큼 수도권 지역의 동네책방 비율도 63%에 달한다. 그래서 수도권 외 동네책방들은 적극적인 온라인 소통을 통해 가까운 지역 주민뿐만 아니라 수도권을 비롯해 먼 거리 고객과도 소통해야만 살아남을 수 있다. 최근 오픈하는 동네책방 상당수가 관광객의 접근성이 뛰어난 지역 중심인 것도 이런 이유다.

일각에서는 코로나19 이후의 세상은 오프라인이 아닌 '온라인'으로, 대면이 아닌 '비대면' 방향으로 빠르게 가속될 것이라는 다소 우울한 전망을 내놓기도 한다. 하지만 우리는 코로나를 겪으며 어느 때보다도 대면의 중요성을, 그리고 인간적인 것에 대한 깊은 갈증을 체감했다. 바쁘게 사느라 잊고 살았던 가치가 재조명되고 있는 요즘, 우리 주변에 있는 동네책방의 존재가 달리 보인다. 작지만 풍성한 만남이 내재해 있고, 조용하지만 살아남기 위해 전략과 방법을 모색하고 있다.

● 지자체와 연계한 거버넌스(Governance) 활용하는 방법

서초구는 지역서점에서 도서를 구매하고 반납시 구매금을 전액 환불해주는 '서초 북페이백 서비스'를 2019년 6월 18일부터 본격적으로 시작했다. 전국 최초로 시행하는 '서초 북페이백 서비스'는 새로운 형태의 도서관 서비스다. 서초구는 '생활 속 도서관 이용편의 시스템 구축'의 일환으로 구민이라면 언제 어디서나 손쉽게 도서관을 이용할 수 있도록 추진 중이다.

본 서비스 이용은 지역 주민 누구나 도서관 회원이면 가능하며, 도서 구입 후 서초구 공공도서관 홈페이지(public.seocholib.or.kr) 내 북페이백 서비스 카테고리에서 신청하면 된다. 3주 이내 구매한 도서를 서점에 반납하면 구매금 전액을 환불받을 수 있으며 반납된 도서는 다른 주민들이 이용 가능하도록 지역 내 구립도서관에 비치 대여된다. 서점에서 신청한

지자체와 연계한 서초구의 북페이백 서비스

책을 본인이 소장하고 싶으면 북페이백 서비스를 취소하면 된다. 그러면 서점은 그 책값을 환불하지 않아도 된다.

서초구는 인기있는 베스트셀러 도서의 경우 대출이 많은 것을 감안해 복본 제한규정(중복 비치 가능한 최대권수)을 완화하여, 최대 20권까지 지원한다. 이에 따라 서초구민들이 도서관에서 인기 도서를 대출하기 위해 대기하는 시간이 획기적으로 단축되었다. 서초구의 북페이백 서비스로 주민들은 도서관이 아닌 가까운 집 근처 서점에서 원하는 책을 볼 수 있고 지역서점은 매출을 올릴 수 있어 1석 2조의 효과를 내고 있다.

동네서점은 도서관이 생길 때마다 서점의 매출이 줄어든다고 불만을 제기한다. 그런데 서초구와 동네서점은 거버넌스를 통해서 이를 극복하고 있다. 지역주민의 도서 대출 편의도 제공하면서 동네서점의 매출에도 이바지하는 지역 경제의 상생 모델로 자리 잡고 있다. 또한 서초구는 동네서점과의 상생을 위해서 관내 도서관에 비치할 책을 동네서점에서 구입하고 있다.

해외의 동네책방 사례 : 헤이우드 힐

영국 런던의 한 골목에 1936년 문을 연 서점 '헤이우드 힐'(Heywood Hill)이 있다. 오래되고 작은 이 서점의 연매출은 100만 파운드(약 14억 원)에 달한다. 그 비결은 무엇일까? 이 책방의 설립자 헤이우드 힐이 어떤 관점으로 책방을 오픈했는지에 대한 역사를 살펴보면 힌트를 얻을 수 있다.

헤이우드 힐은 책방을 책만 파는 곳으로 보지 않았다. 예술과 문학을 사랑했고 작가들에게 활동 무대를 제공하고자 했다. 책 판매보다 관계를 더 중시했다. 1942년 12월 제2차 세계대전이 일어나면서 그의 책방은 문을 닫아야 했는데 문학가 '낸시 밋포드'을 비롯한 충성 고객들이 책방을 지켜냈다. 헤이우드 힐 책방은 모임을 장려하고 모임 장소를 내주면서 사람들이 몰려들어, 문학의 천국이 되어갔다. 고객과 친분이 쌓이면서 고객에게 개인적으로 책을 추천할 수 있게 되었고 그런 문화는 또다른 비즈니스 기회를 가져왔다. 고객 맞춤 서비스가 헤이우드 힐 서점의 차별화된 강점이 된 것이다. 그 덕분에 헤이우드 힐 서점은 80년간 생존과 성장을 지속할 수 있었다.

헤이우드 힐 서점 성공의 핵심 비결은 크게 세 가지로 정의해볼 수 있

80년 넘게 유지되고 있는 해외 동네책방, 헤이우드 힐

다. 첫 번째로 헤이우드 힐만의 '큐레이션' 북클럽 서비스를 제공한다. 회원가입 후 고객이 관심분야를 알려주면 1년에 10여 권의 책을 선정하여 배송해준다. 북클럽 서비스를 활성화하기 위해 인터넷으로 주문을 받기 시작하자 미국과 홍콩 등으로 고객층이 확장되었고, 곧 주문은 세계 60여 개국에서 밀려들었다.

두 번째로 주제별 서재 서비스를 제공한다. 특정 주제에 맞는 책을 골라 방 하나를 개인 서재로 꾸며준다. 적게는 수십 권, 많게는 수천 권의 필독서를 엄선해준다. 2013년 스위스의 한 부호는 책을 추천 받기 위해 6개월을 기다려야 했다. 그는 '20세기 근대 미술·디자인'을 주제로 3,000여 권을 추천 받았고, 그 대가로 50만 파운드(약 80억)를 지급했다. 세 번째로 희귀본 서비스를 제공한다. 고서 수집가를 겨냥한 초판본 등 희귀한 책을 찾아주는 서비스다.

헤이우드 힐 서점은 개인 고객뿐만 아니라 기업, 호텔에서도 맞춤 서비스를 주문한다. 런던에 있는 불가리호텔의 스위트룸에 맞춤 서재가 갖추어졌는데 첫 사용자는 미국의 빌 클린턴(Bill Clinton) 전 대통령이었다.

헤이우드 힐 서점은 책을 선별하는 큐레이션 작업에 큰 공을 들인다. 홍수처럼 쏟아지는 책 가운데 읽어야 할 책과 읽지 말아야 할 책을 선별하는 작업이 무엇보다 중요하다. 문장이 아름답거나 감동을 주거나 교훈을 남기는 책을 뽑아야 하고 그러려면 사소한 표현도 놓치지 않고 꼼꼼히 읽어야 한다.

국내외 책방 사례를 살피면 공통점을 찾을 수 있다. 그것은 바로 니치(Niche) 즉 대중적이지 않은 특정 성격을 지닌 소규모의 틈새 소비자들을 찾아내어 시장에 진입하는 니치 마케팅(niche marketing)을 통해서 매장 생존을 위한 차별화를 해야 한다. 시장 환경은 계속 변화하고 쏟아지는 콘텐츠 속에서 선택받는 단 하나의 콘텐츠가 되기 위한 경쟁은 새로운 일이 아니고 늘 우리 곁에 있었다. 현재의 코로나19로 변화된 환경에 적응하는 해법을 '니치 마케팅'에서 찾으면 어떨까? 항상 해결책은 우리 가까운 곳에 숨어 있다.

무인매장,
왜 이렇게 많아졌을까?

코로나19 감염을 예방하기 위해 불필요한 접촉을 줄이는 '언택트' (Untact) 문화가 일상생활 곳곳에 확산되고 있다. 주목해야 할 것은 '언택트'가 단순한 사회·문화현상에 머물지 않고 '온택트'(Ontact)라는 새로운 트렌드로 진화하고 있다는 점이다. '온택트'는 언택트에 온라인을 통한 외부와의 연결(On)을 더한 개념이다. 온라인을 통해 이루어지는 외부활동이나 비대면 거래는 모두 온택트의 범주에 포함된다.

현대자동차그룹 마케팅 기업 이노션 월드와이드는 2020년 5월 8일 이런 내용을 담은 시장보고서를 발표했다. 보고서에는 "사람 사이의 물리적 거리는 유지하되 개인 일상의 삶을 영위하고 사회가 정상적으로 운영되기 위해 언제든 원할 때 서로를 연결할 수 있어야 한다"면서 "연결의 필요성이 대두되면서 이제 온택트가 보편화되는 뉴노멀(new normal) 시대에 접어들었다”고 밝혔다.

소매 유통 생태계의 변화 _____

무인매장이 일상을 파고들고 있다. 코로나19 영향에 따른 비대면 소비 증가, 최저시급 인상에 따른 인건비 부담, 정보통신기술(ICT) 발전이 복합적으로 작용하면서 소매 매장 전반에 무인화가 빠르게 확산되고 있는 것이다.

무인매장의 특징은 다음과 같다. 첫째, 구매할 물건을 선택한 후 점원(Cashier)을 거치지 않고 바로 나갈 수 있기 때문에 타인과 불필요한 접촉을 최소화할 수 있다. 둘째, 무인매장의 결제 방식은 현금 대신 카드나 간편결제만 가능하다는 특징이 있다. 따라서 현금 없는 사회로 전환을 크게 앞당길 수 있다. 무인매장에서 설치된 AI 카메라를 통해 이용자의 구매 행태와 이동 동선 등에 대한 정보를 수집하고 분석함으로써 더 최적화된 매장 설계와 상품 추천도 가능하다. 셋째, 무인매장의 확산으로 다른 산업의 부가가치를 창출할 수 있다. 소프트웨어, 카메라, 센서 등 관련 기술과 장비 수요가 늘어나고, 덩달아 IT 업계가 활성화될 가능성이 크다.

무인매장은 인력이 필요 없다는 점에서 직장인의 창업 아이템으로도 주목받고 있다. 매장의 무인화는 식당, 카페, 아이스크림 매장, 세탁소, 스터디 카페, 문구점, 펫 용품점, 정육점 등 다양한 분야로 확대되고 있다.

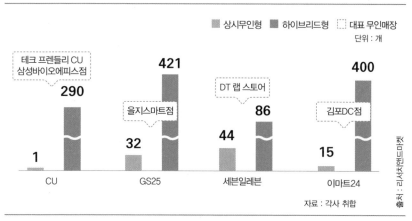

범례: ■ 상시무인형　■ 하이브리드형　☐ 대표 무인매장
단위 : 개

- 테크 프렌들리 CU 삼성바이오에피스점
- 290
- 1
- CU
- 을지스마트점
- 32
- 421
- GS25
- DT 랩 스토어
- 44
- 86
- 세븐일레븐
- 김포DC점
- 15
- 400
- 이마트24

자료 : 각사 취합

출처 : 리서치앤드마켓

국내 편의점 무인매장 현황

종류별로는 식당·카페가 가장 많다. 식품의약품안전처는 2019년 기준 음식과 커피 등 유통기한 한 달 이내 식품을 자동으로 판매하는 국내 업소가 3만 8,472곳이라고 밝혔다. 무인 편의점 수도 1,000여 곳에 달한다. 2021년 7월 기준 국내 빅4 편의점 업계의 무인매장의 수를 살펴보면, GS25는 430개, CU는 280개, 이마트24는 150개, 세븐일레븐은 130개의 무인매장을 보유하고 있다.

　세계적으로도 소매 매장 무인화는 거스를 수 없는 흐름이다. 글로벌 시장조사기관 리서치앤드마켓에 따르면 2019년 6,748만 달러(약 770억 원)였던 전 세계 무인 편의점 시장은 2027년 16억 4,032만 달러(약 1조 8,740억 원) 규모로 성장할 것으로 예측된다. 연평균 성장률이 51.9%에 달한다. 국내에서는 대기업이 운영하는 편의점을 중심으로 무인매장 상용화가 본격적으로 이뤄지고 있다.

　또한 코로나19 이후 무인편의점의 확산과 더불어 국내 통신업계의 무인매장 진출 속도도 눈여겨보아야 한다. 주요 편의점 업체인 CU와 GS25, 세븐일레븐, 이마트24는 모두 최첨단 기술을 집약한 스마트 매장을 잇달아 선보이는 한편 무인 관련 솔루션도 빠르게 고도화하고 있다. 이는 최저임금 인상으로 부담이 커진 가맹점 인건비 절감 필요성이 원인으로 작용했지만, 주된 요인은 AI와 ICT 등 첨단기술 발전으로 무인매장 구축을 위한 기술적 토대가 마련됐기 때문이다.

국내 무인 편의점은 크게 완전 무인형과 하이브리드형 두 가지 종류로 나뉜다. 그중 낮에는 점원이 상주하고 심야시간에만 무인으로 운영되는 하이브리드 매장이 주를 이룬다. 하이브리드형 매장의 경우 완전 무인매장보다 비용 효율성 측면에서 유리하기 때문에 상용화 속도가 빠르다. 현재 국내 주요 편의점 4사가 운영하는 하이브리드 매장은 전국 1,000여 곳에 달한다.

최근에는 무인 주류 자판기 도입이 허용되면서 편의점 업계의 무인화에 탄력이 붙었다. 지금까지 주류는 대면 성인인증을 거쳐야 판매가 가능했기 때문에 무인매장에서는 판매가 불가했다. 야간 매출의 큰 비중을 차지하는 주류 판매를 포기해야 한다는 점에서 심야시간대 무인매장 운영에 걸림돌로 작용했다. 무인 주류 자판기가 상용화되면 무인 편의점 매출 향상에도 도움이 될 전망이다.

그리고 심야 운영 매장이 많은 편의점은 소비 최접점 매장으로 미래형 매장 구현을 위한 신기술의 효과를 시험적으로 적용해보는 테스트베드(Test Bed)로 활용하려는 시도가 반영됐다. 또한 통신 3사 모두 고객이 모든 서비스를 비대면으로 해결할 수 있는 무인매장을 연 것을 비롯해 온라인 유통을 지원하기 위한 서비스 제공에 나서고 있다.

아마존을 포함해 '집인'(Zippin), '스탠다드 코그니션'(Standard Cognition) 등 무인매장 관련 기술을 개발하는 업체가 기술 상용화에 적극적으로 나서고 있어 무인매장의 종류와 규모가 더 다양해질 전망이다. 미국의 스타트업 '집인'은 2019년 6월 샌프란시스코 사우스 마켓 지역에 200평방 피트(5.6평) 규모의 무인매장을 개설한 것을 시작으로 새크라멘토 킹스 농구장에 무인 편의점을 여는 등 소형 무인매장 확산에 심혈을 기울이고 있다. 스탠다드 코그니션은 '아마존고'(Amazon Go)와 유사한 무인매장 스탠다드 스토어를 보스턴 레드삭스 야구장에 설치하는 등 기존 유통업체와 협력해 무인매장 확산에 나섰다.

무인매장 확산에 따라 키오스크와 인공지능(AI) 비전, 보안 솔루션 등 관련 기술 수요도 함께 증가하고, 무인매장 산업 생태계가 급속도로 커질 것으로 전망된다.

● AI 결제와 고객행동 관찰 딥러닝 기술 활용한 4사 무인매장

현재 무인 편의점에 도입된 주요 기술은 머신비전과 전자태그(RFID), 사물인터넷(IoT) 등이다. 머신비전은 AI 기반 동영상·이미지 분석을 통해 고객의 구매행동을 식별하는 기술이다. 매장 곳곳에 설치된 3D 카메라와 무게 감지센서가 고객 동선과 구매 품목을 인식한다. 카메라 영상 인식과 로드셀 인식값을 종합해 정확도를 높였다.

RFID는 반도체 칩이 내장된 태그, 라벨, 카드 등의 저장된 데이터를 무선 주파수를 이용해 비접촉으로 읽어내는 시스템이다. 제품을 무인계산대에 올려놓으면 부착된 RFID를 자동으로 인식해 결제가 진행된다. 국내시장에서는 QR코드를 활용한 비접촉 결제 시스템도 늘고 있다.

기술이 점차 고도화되면서 원하는 상품을 집어 들고 매장을 걸어 나가면 결제가 자동으로 완료되는 무인 편의점도 등장했다. 미국 아마존고의 '저스트 워크아웃'(Just walk out) 기술이 대표적이다. 냉동고 문 열림 감지 등 무인매장 운영 전반은 사물인터넷(IoT) 기술을 활용한 통합 모니터링 시스템을 통해 원격 관리한다.

국내 편의점 4사 AI 결제와 고객행동 관찰 딥러닝 기술 활용 사례는 다음과 같다.

● CU 편의점

BGF리테일은 2021년 1월 인천 송도에 '테크 프렌들리 CU' 1호점에 최첨단 리테일 기술을 접목한 스마트 무인 편의점을 오픈했다. 클라우드 POS 시스템을 통하여 결제 수단과 멤버십 서비스, 제휴 할인 적용 여부, 월별 행사 품목 등 정보를 암호화해 실시간 업데이트한다. 또한 점포 내부에 설치된 30대의 AI 카메라와 선반 무게 센서가 작동하여 고객의 최종 쇼핑 리스트를 파악하면 POS 시스템이 이를 상품 정보, 행사 정보 등과 결합시킨다. 결제는 고객이 점포 게이트를 통과하는 즉시 사전에 등록한 셀프 결제 애플리케이션 'CU 바이셀프'를 통해 자동으로 이뤄지며 영수증 발급 역시 해당 앱으로 전송된다.

● GS25 편의점

GS리테일이 2020년 BC카드 본사에 선보인 GS25 을지스마트점은 대표적 미래형 무인 편의점이다. 계산대를 없애고 안면 인식 결제 시스템과 스마트 스캐너를 활용한 디지털 혁신 점포로 구현했다. GS25 을지스마트점에는 QR코드를 통한 개인 식별과 고객행동 딥러닝 스마트 카메라, 재고 파악을 위한 무게 감지 센서, 영상 인식 스피커를 통한 고객 인사, AI 결제 등 다양한 미래형 디지털 유통 기술이 도입됐다.

고객은 BC페이북의 QR코드를 스피드게이트에 접촉해 입장이 가능하다. 고객이 점포에 들어가면 34대의 딥러닝 스마트 카메라가 고객행동을 인식한다. 매대별로 장착된 총 300여 개의 무게 감지 센서가 딥러닝 스마트 카메라와 함께 고객의 구매행동을 학습하고 규명한다. 물건을 고르고 스피드게이트를 빠져나오면 AI 기술이 적용된 결제 시스템이 자동으로 결제해 고객에게 모바일 영수증을 제공한다.

● 세븐일레븐 편의점

세븐일레븐이 2017년 업계 처음으로 선보인 스마트 무인 편의점 '시그니처'는 다양한 디지털 기술을 갖췄다. 우선 보안을 위한 이중 출입 게이트를 도입했다. 출입인증 단말기에서 신용카드, 엘포인트, 카카오톡 지갑 등을 통해 1차 인증을 거치면 첫 번째 게이트가 열리고, 이후 스마트 CCTV로 안면 이미지 자동촬영 과정을 추가로 거쳐야 점포에 입장할 수 있다.

또 AI 결제 로봇 '브니'는 안면인식, 문자음성 자동변환, 이미지 · 모션

센서 등 다양한 신기술이 탑재돼 기존 무인 결제 과정에서 보기 힘들었던 접객 서비스를 제공한다.

고객동선 인식시스템은 매장 내부 바닥에 설치된 다목적 전자인식셀을 통해 다양한 데이터를 축적, 점포 운영 보안성과 효율성을 높였다. 총 75개의 전자인식셀이 고객 입점 순간부터 구매 및 퇴점까지 동선을 파악, 실시간 고객 이동 데이터와 상품 구매 데이터를 생성한다. 이를 통해 비상 상황을 감지하고 상품 정보·위치 음성 서비스, 구역별 이동 이력, 체류시간 등을 분석할 수 있다.

● 이마트 24 편의점

이마트24는 미래형 편의점 '김포DC점'을 통해 다양한 무인화 기술을 고도화하고 있다. 이 매장은 컴퓨터비전, 센서퓨전, AI, 머신러닝 등 첨단기술이 집약됐다. 매장 내 설치된 카메라와 센서가 고객의 쇼핑 동선을 추적하고 상품 정보를 인식한다. 고객이 진열된 상품을 들고 나오기만 하면 자동 결제된다.

이마트24는 그동안 다양한 셀프 결제 시스템을 테스트하면서 가맹점의 운영 편의와 고객의 구매 편의에 초점을 맞춘 하이브리드 매장 시스템을 구축하고 있다. 최근 본점에 도입한 AI 기반 주류 무인판매 머신도 컴퓨터비전과 무게센서 등 김포DC점 기술을 적용한 사례다.

주류 무인판매기 선반에는 상품을 인식하기 위한 12개 카메라가 설치돼 있다. 고객이 문을 열고 상품을 꺼낼 때 양쪽 카메라가 모양을 인식하고, 이미지 학습 AI가 어떤 상품인지를 인지한다. 이때 상품의 무게센

출처 : 이마트24 무인편의점 김포DC점

이마트24 무인편의점 김포DC점

서가 고객이 집어드는 상품 무게를 인식한다. 고객이 주류 판매기에서 상품을 집어들 때 컴퓨터비전이 이미지를 인식하고, 해당 상품 무게를 감지해 몇 개를 구매하는지 AI가 복합적으로 판단하는 기술이다. 이를 통해 문을 닫으면 자동으로 결제되는 시스템이다.

코로나19로 대면 활동이 위축되면서 매장을 운영하는 개인과 기업의 고민은 커졌고, 이전에 경험해보지 못한 비대면 시장으로 빠르게 재편되고 있는 중이다. 이러한 변화에 가장 발빠르게 움직이는 산업군 중 하나가 통신시장이다. 통신3사는 온라인채널 개편과 비대면 매장을 시범적으로 도입하는 등 비대면 시장의 마케팅을 강화하고 있다.

통신 3사가 자사의 휴대폰 대리점에 무인 시스템을 속속 도입하는 배경에는 크게 두 가지 이유를 들 수 있다. 첫째, 비대면 문화를 선호하는 MZ세대를 공략하기 위함이다. MZ세대는 디지털 환경에 익숙하고 최신 트렌드와 자신만의 이색적인 경험을 추구하는 것으로 분석된다.

기존 통신사의 대리점 및 판매점은 직원이 상주하며 고객이 찾는 휴대폰을 제시해주고 요금제 및 각종 결합할인 등에 대한 상담 및 개통을 해주는 역할을 했다. 직원이 각 소비자의 상황에 맞게 상담을 해주는 장점이 있다. 하지만 통신사들은 디지털 문화에 익숙한 MZ세대는 타인의 개입 없이 직접 스마트폰과 요금제를 비교하고 선택하는 비대면 시스템을 선호하는 경향이 짙다고 판단했다.

서울 종로구의 무인매장 'U+ 언택트 스토어'를 공개한 LGU+는 언택트 스토어에 대한 고객 니즈 확보를 위해 자체 조사를 진행했다. 매장 방문자가 판매 직원의 시선과 서비스 가입 권유를 부담스러워하거나 매장별·직원별 응대 수준 편차 등의 불편을 느낀 것으로 파악했다. 이에 U+ 언택트스토어를 원하는 요금제와 스마트폰, 부가 서비스를 체험한 후 고르고 개통까지 직접 할 수 있도록 구성했다. 매장 내 키오스크에서 현재 자신의 요금제를 확인하고 12개의 프리미엄 스마트폰의 기능을 직접 비교할 수 있다. 별도 공간으로 마련된 '셀프 개통존'에서 요금제·할인 방식·부가서비스 등을 선택한 후 무인 사물함에서 스마트폰과 유심까지 받아 직접 개통할 수 있다. SKT와 KT도 앞서 방문객이 직접 요금제와 스마트폰 종류를 선택한 후 개통까지 가능한 무인매장을 선보였다. SKT는 서울 마포구에 T팩토리를, KT는 대구 중구 동성로에 KT셀프라운지를 운영하고 있다.

둘째, 통신사들이 무인매장을 운영하는 이유는 소비자에게 서비스를 체험할 수 있는 공간을 제공하기 위함이다. 2021년 3월 23일 오픈한

LGU+는 U+ 언택트스토어의 키오스크를 통해 영유아 특화 미디어 콘텐츠 U+ 아이들나라, U+ 초등나라, U+ 스마트홈 등을 체험할 수 있도록 했다. 키오스크에 탑재된 '유샵 AI 챗봇'을 통해 간단한 상담도 가능하다. 가령 "이번 달 청구요금 알려줘"라고 말하면 AI 챗봇이 결과를 키오스크 화면으로 보여주는 방식이다.

SK텔레콤은 T팩토리에서 매월 다른 공연 및 전시를 선보이고 있다. 예를 들면 SK텔레콤의 5G 클라우드 게임을 대형 화면으로 직접 체험하는 방식이다. 또 SK텔레콤의 보안 자회사 ADT캡스의 각종 보안 서비스와 미디어 자회사 콘텐츠웨이브의 온라인동영상서비스(OTT) '웨이브', SK브로드밴드의 IPTV 'Btv' 등을 체험할 수 있다.

KT의 KT셀프라운지는 무인매장 공간 방문객 중 75%는 20-30대로 비대면 체험이 가능함을 알고 방문하는 경우가 많다고 한다. 아직은 무인매장 내 개통 건수를 늘리기보다는 고객이 무인매장에서 누릴 수 있는 각종 서비스에 더 큰 비중을 두고 있다. 이러한 요인을 감안하여 유동 인구가 많은 주요 상권에 무인매장을 내려고 준비중이다.

● 신개념 무인매장의 등장 - 아이스크림 할인점, 정육점, 밀키트 판매점
무인화 움직임은 편의점, 통신매장 뿐 아니라 프랜차이즈업계 전반으로 퍼지고 있다. 특히 아이스크림 할인점의 성장세가 눈에 띄게 높다. 2021년 상반기 기준 아이스크림 할인점은 4,000여 개로 2019년 2,200개에서 2020년 3,600개로 증가했고, 2021년 1분기에만 400개가 더 늘었다.

무인 아이스크림 할인점의 경우, 우후죽순 생겨나다가 주요 브랜드 위주로 정리되는 모양새다. 대표적인 브랜드는 '더달달' '픽미픽미' '응응스크르' 등이다. 아이스크림 할인점 '더달달'의 경우 전국 400여 개의 가맹점을 보유하고 있고 '픽미픽미' 매장 수는 지난해 300여 개가 증가해 1년 만에 빠르게 늘었다. '응응스크르'는 1년여 만에 전국 점포 수를 400개로 늘렸다.

무인 정육점도 '핫한' 무인 프랜차이즈 중 하나다. 대표적인 브랜드는 '정육대통령'이다. 해당 매장은 무인 셀프 계산과 '테이크아웃' 형식으로 운영되며, 국내 유명 육가공업체 100여 곳과 협업하여 다양한 제품을 판매하고 있다. 이용객은 매장 내 냉장실에 보관돼 있는 여러 고기 중 본인이 원하는 부위를 꺼내 셀프 계산대에서 계산한다. 일반적인 삼겹살부터 LA갈비, 우삼겹, 돼지양념구이 등 다양한 부위를 아우른다.

코로나19 장기화로 외식은 부담스럽고 배달 음식도 질려가는 고객이 점차 늘어가는 상황에 맞게 아파트 인근 상가 주변으로 무인 밀키트 판매점이 확산되고 있다. 2021년 8월 31일 한국농수산식품유통공사(aT) 식품산업통계정보에 따르면 2020년 국내 밀키트 시장규모는 2019년 대비 85% 성장한 1,882억 원을 기록했다. 2017년 15억 원에 불과하던 시장이 3년 만에 125배 커졌다. 오는 2025년까지 연평균 31%의 성장세를 보이며 7,253억 원 규모로 확대될 것으로 예상된다.

이렇게 밀키트 시장이 가파르게 성장한 배경에는 신선한 식재료를 사용해서 건강한 한 끼를 먹을 수 있다는 이미지와 함께 요리하는 즐거움을 제공한다는 점을 꼽을 수 있다. 또한 최근에는 전문 셰프가 아닌 방송 출연자가 직접 요리하는 과정을 보여주는 쿡방(요리와 방송의 합성어)의 인기가 더해져 시청자가 방송을 보며 개인의 기호에 맞게 레시피를 변경하여 간편하게 요리할 수 있어서 밀키트의 선호가 높아지고 있다. 이런 밀키트의 장점과 매장 고정비를 절감할 수 있는 무인판매점의 장점이 만나 무인 밀키트 판매점 확산세는 더 가속화될 전망이다.

이미 많은 기업이 무인 밀키트 시장에 뛰어들었다. 대표적으로 디엔에프씨의 무인 밀키트 판매점 '담꾹'의 매장 수는 2021년 1월 30여 개에서 2021년 9월 17일 300호점을 돌파했다. 프랜차이즈 창업 시장에서 1년 만에 300개 이상 신규 점포를 개설하는 것은 이례적이다. 당초 디엔에프씨는 소스 제조회사였다. 2020년 신사업 차원에서 자체 제작 소스를 활용한 밀키트 판매에 본격적으로 뛰어들었다. 부대찌개, 닭볶음탕, 소고기국, 제육볶음, 즉석떡볶이 등의 밀키트를 판매 중이다.

또한 오모가리김치찌개로 잘 알려진 오모가리컴퍼니에서 밀키트 전문점 '더잇24' 단독 매장을 열었다. 더잇24는 갈비류(육류), 탕류, 볶음류 등 20여 종의 메뉴를 밀키트로 판매한다. 이중 족발과 보쌈, LA갈비, 오모가리 김치찜(찌개), 춘천식닭갈비떡볶이가 대표적이다.

코로나19로 인하여 모임·회식이 줄고 집에 머무는 시간이 늘면서 보관과 조리가 쉬운 밀키트 수요가 주거 지역을 중심으로 당분간 확산될 것으로 전망된다.

무인매장의 숨은 마케팅 비법,
스마트한 편의성 : AI · ICT

코로나19 사태에도 실적을 지킨 편의점업계가 이번엔 정보통신(IT) 기술을 탑재해 똑똑해지고 있다. 디지털 기술을 만난 편의점이 알아서 고객을 맞이하고 결제하는 등 생존전략에서 진화모드로 탈바꿈하는 모습이다.

2021년 9월 14일 편의점업계에 따르면 이마트24는 서울 코엑스몰 지하 1층에 24시간 소비자 출입부터 결제까지 자동으로 이루어지는 스마트 매장을 오픈했다. QR코드를 스캔하면 출입 게이트의 문이 열린다. 자유롭게 쇼핑을 하고 그대로 나가면 결제까지 끝이다. 무인매장의 선두 주자이자 글로벌 유통 공룡 아마존이 세운 아마존고(Amazon Go)와 여러모로 비슷하다. 특히 자동결제시스템 '저스트 워크 아웃'(Just Walk Out)과 흡사한데 모두 국내 기술로 구현했다. 신세계그룹의 테크 전문기업이자 이마트 계열사 신세계아이앤씨(I&C)가 야심차게 구축했다. 겉보기에는 일반 편의점과 다를 바 없으나 들어가 보면 신세계가 열린다. 이곳은 과학기술정보통신부와 이마트24, 신세계아이앤씨가 완전스마트매장 보안성 향상 지원 사업의 일환으로 오픈했다.

완전스마트매장이란 인공지능(AI)을 비롯한 첨단 기술을 활용해 상품 구매는 물론 결제까지 사람 없이 자동으로 이뤄지는 것을 말한다. 이 매장에는 신세계아이앤씨가 자체 개발한 '셀프서비스 스토어' 기술이 적용됐다.

무인매장 비즈니스워치

AI비전, 무게센서, 클라우드POS 등 최신식 리테일테크를 반영해 경쟁사와의 기술 격차를 벌렸다는 점에서 업계의 시선을 끌고 있다. 편의점 후발주자인 이마트24가 업계에서 가장 먼저 무인매장(김포점)을 선보이자 이를 뒤따라 경쟁 편의점 업체도 일제히 자사만의 무인매장을 구축하고 있다.

가장 적극적으로 무인매장을 확대 중인 곳은 GS25다. GS25는 최첨단 기술을 적용한 무인형 편의점과 밤에만 무인으로 전환하는 하이브리드형 편의점을 2021년 8월 말 기준 465점까지 출점했다. GS25는 기술 진보가 가맹점 운영 편의와 비용 절감을 도모할 수 있게 구축하였다.

CU는 자칭 '미래형 편의점'이라고 칭한 최첨단 편의점 모델을 인천시 송도에서 구현했다. 이른바 '테크 프렌들리(Tech Friendly) CU' 1호격인 CU삼성바이오에피스점을 2021년 1월에 마련한 CU는 기술력 덕분에 점포 입장부터 결제까지 전 과정이 논스톱으로 이뤄진다. CU는 현실을 초월한 가상세계, 메타버스(Metaverse) 시대가 개막했다는 점을 고려해 세계 최초로 메타버스 공식 제휴 편의점인 'CU제페토한강점'도 오픈했다. 이어 선보이는 제페토 2호점 'CU제페토교실매점'은 Z세대에게 익숙한 학교 내 카페테리아형 매장이다.

결국 무인매장의 숨은 마케팅 비법은 AI·ICT 기술을 매장에 접목하여 고객이 기존에 경험할 수 없었던 스마트한 편의성과 불필요한 접촉을 줄일 수 있는 공간을 제공하는 등의 차별화 구축에 따른 것으로 생각된다.

앞으로 기업은 무인매장 운영에 있어 고민해야 할 것은 단순히 인건비 절감 차원을 넘어, 온·오프라인의 장점을 결합해 이용자가 빠르고 편리하게 제품을 구매할 수 있는 환경 제공이다. 점원이 없는 대신 이용자에게 더 많은 서비스를 제공할 수 있도록 창의적인 매장 운영 전략을 마련해야 한다. 일반 매장보다 더 경쟁력을 높여야 하는 것이 무인매장을 오픈하고자 하는 기업이 해결해야 할 숙제이겠다.

MZ세대를 잡기 위해서는 구독서비스가 필수다

MZ세대는 구매 대신 구독 _____

구독(購讀, 구하여 읽다)은 일정 기간 요금을 지불하고 책과 잡지 등을 받는 소비 형태를 말한다. 과거 구독은 신문, 잡지를 정기적으로 보는 것을 의미했다. 요즘은 매달 일정 금액을 내고 서비스 받는 모든 것을 구독이라고 지칭한다. 구독시장이 커지면서 다양한 플랫폼에서 구독서비스를 제공하기 시작했다. 크레디트 스위스(Credit Suisse)에 따르면 세계 구독경제 시장 규모는 2000년 2,150억에서 2020년 5,300억으로 20년 새 2배로 증가했다.

업계 전문가들은 비대면 소비의 확산으로 2021년 전 세계 구독시장이 600조 규모로 성장할 것이라고 전망했다. 국내 구독경제 시장 역시 2016년 25조 9천억 원에서 2020년 54% 증가한 40조 원(출처 : KT경제경영연구소)을 기록했다. 이렇게 시장이 급속도로 성장한 것은 물건을 소유하는 방식에서 공유하는 방식으로 변모한 MZ세대의 가치관이 영향을 끼쳤다고 할 수 있다.

기업과 고객 입장에서 본 구독서비스의 장점은 다르다. 기업 입장에서의 장점은 매달 지속적인 수입이 보장된다는 점일 것이다. 고객을 장기간 회사 상품을 이용하도록 잡아둘 수 있고, 장기간 사용하도록 하여 고객의 신뢰를 얻을 수 있게 된다. 고객 입장에서는 매달 상대적으로 낮은 가격에 다양한 서비스를 이용할 수 있다. 그러나 기업이 적정 가격을 정하지 않았다면 고객이 서비스를 이용하는 데 부담을 느낄 수 있다. 특히 다른 구독서비스를 이용하고 있는 경우 선뜻 서비스를 신청하기 어렵다.

2021년, 구독은 새로운 비즈니스 모델이 아닌 일상 용어로 자리 잡았다. 구독이 불가했던 제품 서비스로 그 영역이 확장되고, 이용자의 인식도 변화했기 때문이다. 저작권에 대한 인지가 미미했던 과거와 달리 MZ세대는 콘텐츠를 누리기 위해서는 합당한 지불을 하는 것이 당연하다고 생각하는 소비 집단이다.

MZ세대가 구독에 열광하는 까닭 :
쿠팡, 넷플릭스 _____

2020년 엠브레인 트렌드모니터 조사 결과에 따르면 향후 다양한 구독서비스를 경험해보고 싶다고 답한 MZ세대의 비율은(10대 78.4%, 20대 73.7%, 30대 71.4%) 기성세대보다(40대 52.3%, 50대 61.8%, 60대 52.8%) 현저히 높게 나타났다. 눈여겨봐야 할 것은 소비력이 가장 낮은 Z세대인 1020세대가 구독에 가장 관심이 높다는 것이다. 용돈을 쪼개거나 아르바이트를 하더라도 구독은 포기하지 못하는 이들의 심리는 무엇일까?

첫째, 구독서비스가 그들의 취향을 제대로 저격했다. 넷플릭스가 최고의 OTT 플랫폼으로 성장한 데에는 알고리즘의 덕이 컸다. "홍길동님을 위한 추천작"처럼 넷플릭스는 플랫폼 내 영화의 75%가 추천 알고리즘을 통해 소비된다. 구독이 정액제를 넘어 취향의 개념을 포용하고 있다. 이용자는 플랫폼을 통해 내가 소비한 콘텐츠를 분류하고, 새로운 콘텐츠를 제안 받는다. 어찌 보면 취향을 발견하고 정립하는 과정을 함께한다. 신선하고 쿨한 구독서비스를 이용하면서 나의 취향을 드러내기도한다.

둘째, Z세대는 나를 위한 것이라면 가격에 크게 구애받지 않는다. 유튜브 프리미엄의 런칭을 기점으로 구독서비스는 일반 회원과 VIP회원을 구분 짓는 기준이 됐다. VIP 회원에게는 불필요한 관문을 프리패스할 수 있는 특권이 주어졌다. 기성세대는 '광고 몇 초 보고 무료로 볼 수 있는데 굳이 돈을 낸다고?'라며 의아한 반응을 보일 수 있다. 그러나 볼 게 많은

MZ세대에겐 그 시간조차 장애물일 뿐이다. 특히 태어났을 때부터 디지털 문명과 함께한 디지털 네이티브 세대인 Z세대는 광고를 건너뛰고 자신의 시간을 절약하는 조건으로 돈을 지불하는 데 거리낌이 없다. 그들은 내가 원하는 시간에 내가 원하는 장소에서 양질의 콘텐츠를 공급받으며 심리적으로 안정을 찾는 것을 매우 중요하게 여긴다.

이용자의 인식 변화와 더불어 기업이 구독을 바라보는 관점도 변했다. 제품 및 서비스를 정기적으로 제공하는 '패키지'의 개념을 넘어섰다. 자사 시스템을 전면 개방하고, 이용자가 그 안에서 '경험'을 누릴 수 있도록 하고 있다. 국내 최대 포털 네이버플러스 연간멤버십과 카카오톡 이모티콘 플러스가 대표적인 예다. 양사가 구독서비스로 잘 구축한 생태계를 매듭짓고 있다면, 이곳은 구독이라는 그물을 던져 저변을 넓히고 있다.

● 한국판 아마존 - 쿠팡의 구독서비스

미국 월스트리트저널 추정 기업가치 55조 2천억 원을 기록한 '한국판 아마존' 쿠팡이 있다. 쿠팡은 음식 배달서비스 '쿠팡이츠', 라이브커머스 '쿠팡라이브', OTT '쿠팡플레이' 등을 통해 거대한 플랫폼을 꾸미고 있다. 쿠팡이 경쟁사보다 월등한 위치를 선점할 수 있었던 데에는 구독서비스의 역할이 컸다. 쿠팡 '로켓와우 멤버십'은 매달 2,900원을 내면 로켓배송과 동영상 스트리밍 서비스를 이용할 수 있는 정액제다. 1,485만 활성 고객 중 32%인 약 475만 명(2020년 12월 기준)이 가입했다. 구독료로 인한 고정 수입도 상당하지만, 여기서 파생되는 효과가 아주 흥미롭다.

2019년 쿠팡이 로켓와우 멤버십을 시작한 이래 가입자 구매액 증가

폭이 눈에 띄게 커졌다. 2016년에 첫 구매를 한 고객은 2017년에는 첫해 구매액의 1.37배, 2018년에는 1.8배를 썼다. 2019년에는 2.7배, 2020년에는 3.5배를 썼다. 로켓와우 회원의 구매 빈도는 일반 가입자의 4대 이상이며, 구독료 이상의 가치를 얻고픈 회원의 잔류 시간이 길어지면서 소비도 덩달아 커졌다.

기업이 구독서비스를 통해 고객유치에 나선 이유는 무엇일까? 바로 구독서비스를 통해 기업에 로열 오디언스(Loyal audience; 충성도 높은 고객) 확보가 가능하기 때문이다. 로열 오디언스는 구매력이 있고, 활발한 인터랙션을 보이며, 잔존율은 높고 이탈률은 낮은 이용자를 뜻한다. 그렇다면 로열 오디언스는 기업에 어떠한 이점을 가져다줄까?

첫째, 수요와 매출을 좀 더 정확히 예측할 수 있다. 구독 회원의 경우 큰 문제가 있지 않은 이상, 꾸준히 구독을 이어갈 가능성이 높다. 둘째, 마케팅 전략을 수립하고 집행할 가이드라인이 생기며, 전반적인 구매 전환율을 높일 수 있다. 제품의 구매자이자 서비스의 이용자이기 때문에 플랫폼 개선을 위해 활발한 피드백을 주는 것도 개의치 않는다. 2차 콘텐츠의 생산자로서, 그들은 꼬박꼬박 양질의 리뷰를 작성하고 자발적으로 이벤트를 공유한다. 따라서 이들의 활동으로 신규고객 유입이 용이하며, 브랜드를 홍보하는 데 선순환 역할을 한다. 셋째, 축적한 AD ID(구글의 'Play Store'가 제공하는 광고 식별 값)를 통해 개인화된 경험을 제공하기에 용이하다.

구독서비스가 향후 이커머스의 성장 잠재력을 높이는 요소임에도 불구하고 사업 성공의 불확실성, 시장에 대한 몰이해, 과도한 투자, 생태계

서비스의 질 저하 등 다양한 리스크가 존재하며 이에 대한 개선이 필요한 실정이다. 예컨대, 2017년 출시된 무비패스는 월 9.95달러를 내면 매달 영화관에서 한 편의 영화를 무료로 볼 수 있는 서비스로 선풍적인 인기를 끌었으나 2021년 1월 결국 법원에 파산신고를 했다. 시장을 제대로 읽지 않고 무조건적인 구독경제를 덧대며 가장 중요한 서비스의 질을 외면했기 때문이다. 콘텐츠 산업의 특성상 팬덤이 두텁다는 점을 간과하고 무리하게 기계적인 확장만 거듭하다 무비패스는 몰락의 길을 걸었다. 사업의 시작부터 '가입자들이 자주 영화관에 가지 않을 것'이라 예단한 것 자체가 패착이었다. 구글 또한 클라우드 게임 플랫폼 '스태디아'를 통해 구독경제의 다양한 가능성을 타진했지만 최근 자체 게임 개발 포기를 선언했다. 스태디아 게임 개발에 투자한 만큼 성과가 나오지 않았고, 결국 구글 생태계 내부에서 구독경제 비즈니스가 휘청했기 때문이다.

앞으로 구독서비스를 제공하는 기업은 어떠한 방향성을 가져야 할까? 구독경제의 핵심은 단순히 생태계를 노리는 것을 넘어 '시간'을 정복하는 데 있다.

● 고객의 여가시간을 타깃으로 - 넷플릭스

넷플릭스의 사례를 통해 살펴보자. 구독서비스 활성화는 이커머스가 나아갈 길이다. 시작은 경쟁력 확보에서 출발한다. 적합한 카테고리를 선정하고, 차별성을 갖춘 제품과 서비스를 제공해야 한다. 주력 사업에서 일정 규모의 경제 성과를 달성했다면, 플랫폼으로서 영역을 넓혀갈 것이다. 쿠팡, 네이버, 카카오 등 구독서비스를 도입한 퍼블릭 커머스 플랫폼의 가능성은 아마존의 성공으로 확인할 수 있다. 아마존이 2004년 출시한 유료 멤버십 '아마존 프라임'은 전 세계 17개국에서 1억 5천만 명의 가입자와 21조 원의 연회비를 확보했다. 2020년 아마존의 4분기 매출은 1,244억 6천만 달러, 한화 136조 8천억 원이다.

넷플릭스의 2021년 최근 2분기 실적은 전년 동기 대비 매출 증가율은 19%로 73억 4,200만 달러, 영업이익은 36% 증가한 18억 4,800만 달러였다. 그러나 업계의 관심은 전년 대비 매출 증가율이나 영업이익이 아닌 신규 유료 가구 순증세라는 새로운 평가 지표에 집중되고 있다. 넷플릭스의 2021년 2분기 신규 유로 가구 순증세를 살펴보면, 150만 개의 순증세를 보여 예상치를 넘겼지만 1,000만 개를 기록했던 전년에 비해서는 저조한 실정이다.

유료 구독자 수의 증가세가 확연히 꺾인 가운데 넷플릭스는 게임 산업 진출 가능성을 타진하고 있다. 넷플릭스의 게임산업 진출은 단순히 OTT 시장만 염두에 두고 디즈니플러스 등과 경쟁하거나 기존 게임사와 싸우겠다는 의미가 아니다. 전체 스트리밍 시장, 즉 고객의 여가시간을 타깃으로 잡겠다는 각오다. 또한 넷플릭스는 강력한 IP를 보유한 상태에서 게임 산업에 진출할 경우 두터운 팬덤을 유용하게 활용하려는 전략을 가지고 있다. 이미 〈기묘한 이야기〉 등 인기 시리즈로 콘솔 게임 등을 간헐적으로 출시하며 가능성을 타진했으며 미국 게임업체 일렉트로닉아츠(EA)와 페이스북 출신의 마이크 버듀를 게임 개발 부분 부사장으로 영입하였다.

넷플릭스의 사례를 통해 우리는 단순히 상품 하나를, 서비스 하나를 정기적으로 배송하는 것을 넘어 고객의 시간을 절약하거나 고객이 생태계에 머무는 경험을 고도화시키는 작업이 구독경제 인사이트의 핵심임을 이해할 수 있다.

코로나19 이후
맞춤형 구독서비스의 향방_____

MZ세대는 워라밸(Work-life balance)을 중시한다. 말 그대로 일과 삶의 균형을 중시하며, 일로 인해 자신의 일상이 침해받는 것을 더 이상 감수하지 않는다. 또한 이들은 다양한 경험을 중시한다. 부의 불평등이 극심한 시대적 상황에서 자신의 경제 능력으로 할 수 있는 최대한의 경험을 끌어내는 것이다. 특히 그것이 '나'를 위한 것이라면 기꺼이 투자한다. 이밖에도 SNS를 주로 활용하고, 공정과 정의를 중시하며 합리적으로 소비하고 투자한다는 점이 MZ세대의 특징이다. 최근 각광받고 있는 구독경제는 이러한 MZ세대의 니즈를 충족시키며 매력적인 플랫폼으로 급부상하고 있다.

구독경제 시장에서는 부담스럽지 않은 가격대에 원하는 상품이나 콘텐츠를 경험하거나 주기적으로 제공받을 수 있다. 앞서 말했듯이 MZ세대는 소유의 가치보다 경험의 가치를 우선하는 특징을 가진다. 부의 불평등이 심화되는 사회에서 MZ세대는 그 불평등을 뛰어넘겠다는 생각보다 자신의 경제적 능력 아래 최대치를 누리겠다는 사고를 하는 것이다. 앞서

퍼플독 와인 구독서비스 광고

언급한 구독경제 시장의 특성과 온라인을 기반으로 한다는 점 등이 MZ 세대에게 매력적인 요소로 작용하는 것이다. 실제 이들의 특성을 고려한 다양한 구독경제 상품이 출시되고 있다.

2021년 CU는 '데일리샷'이라는 국내 최초 프리미엄 주류 멤버십 서비스와 제휴하여 캔맥주 구독서비스를 시작했다. 데일리샷을 구독한 소비자는 제휴매장 방문 시 첫잔을 무료로 제공받는 '웰컴드링크 구독서비스'를 적용받는다. 여기서 CU와의 제휴를 통해 추가로 매월 캔맥주 3캔을 CU에서 픽업할 수 있게 한 것이다. 최근 젊은 층의 '소확행'(소소하지만 확실한 행복)으로 불리는 퇴근 후 혼술 문화를 고려할 때, 좋은 반응을 이끌어낼 수 있을 것으로 보인다. 실제 데일리샷의 회원 70%가 20-35세라고 한다. 젊은 층을 명확하게 타깃팅한 구독서비스라고 할 수 있다.

기아자동차 구독서비스 광고

한편 디지털 와인스토어 '퍼플독'은 소비자의 취향에 맞는 와인을 찾아 정기적인 배달서비스를 제공한다. MZ세대의 특징 중 하나는 '나'만을 위한 개성 있는 소비를 선호한다는 것이다. 또한 남들과 같은 것이 아니라 나에게 최적화된 상품을 고르려 노력한다. 메뉴뿐 아니라 재료와 여러 부가 조건까지 소비자가 직접 '커스터마이징'할 수 있게 서비스를 구축한 공차나 서브웨이가 성공을 거둔 것도 이러한 측면에서 MZ세대의 호응을 얻어낸 덕분이다. 퍼플독 역시 AI를 활용하여 고객 취향에 맞는 와인과 매칭한다. 이들은 "취향 소비를 즐기는 MZ세대를 겨냥하여 최근 리뉴얼을 진행했다"고 밝히기도 했다.

최근에는 자동차 구독서비스도 등장했다. 기아의 플렉스, 현대의 셀렉션, 트라이브 등이 대표적이다. 앞서 언급한 것처럼 MZ세대는 단순히 소유하는 것보다 잠시 경험하는 것에 더 큰 가치를 둔다. 다양한 경험에 대한 니즈가 있는 것이다. 또한 다른 세대에 비해 모험심도 강하다. 이러한 특성을 지닌 MZ세대는 당장 거액을 주고 차를 소유하는 것보다 다양하고 새로운 자동차를 경험해보기를 원한다. 자동차 구독서비스를 통해 자신의 경제적 여건에 맞게 기간과 금액 등을 결정하여 자신에게 최적화된 서비스를 누리고 있다.

이미 많은 경제 전문가가 구독경제의 높은 성장성을 인정해왔고 MZ세대 특히 Z세대의 잠재수요 예측 결과에 따라 구독경제 시장 규모는 앞으로 더 커질 것으로 예상하고 있다. 기업들은 구독서비스를 어떤 기준과 방식으로 세분화하여, MZ세대의 브랜드 충성도를 높이고 그들의 지속적인 구독을 이끌어낼지에 대한 과제를 해결해야 한다.

온·오프라인의 경계가
허물어지다

코로나19 백신2차 접종이 마무리되고, 부스터샷 접종으로 위드코로나를 기대하였으나, 다시 오미크론 등 변이바이러스 위협으로 코로나19 확진자가 급증하여 예전으로 돌아가는 것이 쉽지 않아 보인다. 그럼에도 우리는 다시 일상을 준비하고 있다. 지난 2년간 우리의 소비는 어떻게 변했을까? 대면보다 비대면을 선호하면서 많은 소상공인과 자영업자가 어려움을 겪었고, 다양한 무인매장이 우리의 일상 속으로 자연스럽게 들어왔다. 코로나19는 온·오프라인 경계를 빠르게 허물었으며, 어려운 시기를 함께 이겨내기 위해 '공생'이라는 콘텐츠로 고객의 마음속 포지셔닝을 지자체와 함께 만들어가고 있다.

경계를 허무는 콘텐츠 :
공생 _____

 서울시는 2021년 10월 30일부터 11월 30일까지 한 달간 사회적 경제기업의 다양한 상품을 특별한 혜택으로 만나볼 수 있는 '2021 공생마켓'을 온라인으로 개최했다.

 공생마켓은 코로나19 장기화로 어려움을 겪고 있는 사회적 경제기업의 매출은 높이고, 서울 시민들은 품질 좋은 제품을 할인된 가격으로 구매할 수 있는 마켓이다. 코로나19 사회적 거리두기로 인해 2021년 행사는 온라인으로 진행했다. 2021년 공생마켓은 판매마당과 체험마당, 문화마당 등으로 구성했고, 단순 판매·구매를 넘어 시민들이 즐길 수 있는 다양한 문화·체험 프로그램도 함께 진행했다. 또 취약계층 일자리 창출을 돕는 기업, 장애인과 소외된 이웃의 자립을 돕는 기업, ESG를 선도하는 친환경기업, 공정무역 실천 기업 등 우리 사회에 선한 영향력을 행사하는 약 100개의 사회적 경제기업이 참여해 착한 소비를 이끌어낸다는 의의도 있다.

 '판매마당'에서는 사회적 경제기업 70여 곳이 생활용품·식품·패션용품 등 다양한 제품 200여 개를 10-20% 할인된 가격으로 판매했다. 타임세일 코너도 마련해 매일 4개 내외 품목은 50-70% 할인된 가격에 판매하는 이벤트를 펼쳤다. 또한 크라우드 펀딩으로 새로운 상품을 소비자에게 소개하기도 했다. 와디즈, 텀블벅, 해피빈 등 대표 펀딩 플랫폼을 통해 친환경 스니커즈(엘에이알), 반찬 등의 밀키트(방앗간 컴퍼니), 친환경 장

남감(크리에이터스랩) 등 우수 사회적 기업 5곳의 제품도 선보였다.

'체험마당'에서는 영상을 보고 따라할 수 있는 천연비누 만들기 등 원데이클래스, 소셜보드게임 등 다양한 즐길거리도 준비했다. '체험마당' 참여를 원하는 시민들은 공생마켓 공식 SNS(페이스북 및 인스타그램) 이벤트에 응모하면 원데이 클래스 키트, 보드게임 등을 받을 수 있었다.

'문화마당'에서는 뮤지컬, 콘서트 등 문화예술분야 사회적 기업의 공연 영상을 비롯해 사회적 이슈를 다룬 영화, 책 리뷰 등을 공유했다.

MZ세대 등을 타깃으로 한 메타버스 활용 이벤트도 열었다. 메타버스 공간에서 초성게임, ○×퀴즈 등에 참여하면 이벤트 상품으로 사회적 경제 기업의 제품을 주었다.

어려운 시기에 '공생'이라는 콘텐츠는 과거부터 현재까지 고객의 마음속에 착한 소비라는 포지션으로 자리매김했다. 서울시가 개최한 이번 공생마켓은 일반 기업뿐만 아니라 정부기관도 대면이 아닌 비대면 진행 가능성과 온·오프라인 경계를 허무는 콘텐츠, 새로운 것과의 조화 가능성을 보여주었다.

진화하는 매장 :
O2O, O4O _____

전통적 대면 채널인 유통업계가 온·오프라인 경계를 넘나드는 프로모션을 선보이며 체질 개선에 나서고 있다. 온라인 시장의 꾸준한 성장과 더불어 코로나19라는 전례 없는 상황 속에서 쇼핑의 판도가 온라인으로 바뀌고 있기 때문이다.

지금까지 유통업체들이 단순히 온라인과 오프라인을 연결하는 'O2O'(Online to Offline) 서비스를 선보였다면, 최근에는 온라인만의 강점을 오프라인 사업으로 확대해 고객을 오프라인 매장으로 유치하는 'O4O'(Online for Offline) 서비스 구축에 힘쓰고 있다. 즉, 온라인을 통해 오프라인 매장에서 사용 가능한 할인 혜택은 물론 다양한 매장 편의 서비스를 제공해 온라인으로 돌아선 '엄지족'(엄지손가락으로 휴대폰 쇼핑하는 사람들을 일컫는 신조어)을 매장으로 불러오겠다는 것이다. 이에 유통업체들은 전용 애플리케이션(앱)의 'O4O' 기능 강화에 주력하며 오프라인 매장 경쟁력 강화에 대한 청사진을 그려나가고 있다.

우선 롯데마트는 2021년초 자사 전용 쿠폰앱인 '롯데마트 엠쿠폰' 앱을 'O4O' 플랫폼 기능을 강화한 '롯데마트GO'로 새롭게 리뉴얼했다. '롯데마트GO'에서 제공하는 주요 혜택은 '(매장 전용) 쿠폰' '입점매장예약' '스마트결제' 등이다. '입점매장예약'은 매장 내 입점한 약국, 세차장, 카페 등 테넌트 매장에 한해 사전 예약 서비스를 제공함으로써 원하는 시간에 이용할 수 있도록 하는 서비스다.

아울러 이마트도 자사 전용 앱인 '이마트앱'을 통해 다양한 매장 편의 서비스를 제공하고 있다. '이마트앱'의 대표 서비스 중 하나인 '스마트오더'는 맞춤형 와인 예약 서비스로, 앱을 통해 와인을 사전 예약한 뒤 자신이 원하는 이마트 점포에서 수령하는 방식이다. 이마트 매장에 없는 와인도 구입할 수 있어서 소비자 사이에서 호응을 얻고 있다.

이와 더불어 이마트는 2020년 4월 8일, 14년 만에 '이마트앱' 내에서 '최저가격 보상 적립제'를 부활시키며 오프라인 쇼핑의 편의성과 더불어 소비자 이익을 극대화하는 데 힘쓰고 있다. '최저가격 보상 적립제'는 이마트에서 판매하는 상품이 3개 유통 채널(쿠팡, 롯데마트몰, 홈플러스몰)의 상품보다 비쌀 경우 해당 차액을 포인트로 보상해주는 제도다. 이마트는 2021년 6월부터 직접 '가격보상 신청'을 해야만 차액을 적립 받을 수 있었던 기존 방식에서 벗어나 자동으로 차액을 적립 받을 수 있는 방식으로 변경해 소비자의 편의를 더 높일 계획이다.

O4O 서비스로 위기를 극복한 매장 : 한샘, 알라딘, LF몰

산업통상자원부가 발표한 '2020년 상반기 주요 유통업계 매출 동향'에 따르면 2020년 1-6월 국내 온라인 유통업체 매출액은 전년 동기 대비 17.5% 늘었다. 반면 오프라인 유통업체 매출액은 6% 감소했다. 이에 따라 패션·뷰티와 유통업계 등은 과거 오프라인 매장을 중심으로 운영됐던 온라인 채널 시스템을 코로나19 이후 반대로 운영하고 있다.

이는 코로나19 시대로 인하여 매장을 운영하는 업계가 온라인과 오프라인을 연결하는 O4O(Online for Offline)를 통하여 위기 극복의 해답을 찾고자 하는 움직임이다. 언택트가 트렌드가 된 요즘 O4O는 단순하게 서비스 확대 개념에서 오프라인 매장 기반 사업의 사회적 문제해결 방

O4O 서비스로 대리점과 상생하는 한샘과
온라인 중고서적, DVD 거래를 오프라인 매장으로 확장한 알라딘

안으로 인식되고 있다. 한샘, 알라딘, LF몰의 사례를 통해 O4O 서비스의
성공전략에 대해 살펴보자.

코로나19 확산으로 타인과 접촉을 최소화하는 '언택트' 소비 트렌드
가 퍼지는 한편, 집에서 보내는 시간이 늘어나면서 집을 꾸미려는 '집코노
미' 또한 새로운 유행으로 자리 잡았다. 이에 한샘은 매장 방문을 최소화
하고 온라인몰을 통해 오프라인 영업을 활성화하겠단 계획으로 2020년
3월 자사 홈페이지를 O4O 플랫폼으로 개편했다. O4O 플랫폼이란 온라
인에서 오프라인 매장을 소개하는 것을 넘어, 온라인에서 확보한 고객 데
이터를 오프라인 활동에 결합 및 활용하는 차세대 비즈니스 모델이다.

한샘은 홈페이지를 통해 평형대와 스타일별로 분류된 다양한 공간 패키지 콘텐츠를 제공하고 있다. VR(가상현실) 기술을 활용하여 공사 이후 모습을 가상으로 체험해볼 수 있게 했다. 또한 고객의 공간 패키지 선호도에 따라 최적의 오프라인 매장을 소개해준다. 예컨대 부엌 패키지를 신청하면 가까운 부엌 전문매장으로 연결되고 집 전체공사 패키지를 선택하면 리모델링 전문매장으로 연결된다. 이 서비스는 고객의 니즈를 충족시키는 동시에 대리점들이 자체 온라인 마케팅 활동 없이 신규고객을 쉽게 유치할 수 있다는 점에서 대리점과 상생 가능한 모델이다.

한샘은 현재 전국 700여 개의 오프라인 매장을 연결하는 O4O 플랫폼을 구축하고 있으며, 이 플랫폼을 기반으로 누적 상담 신청 5만 명을 돌파했으며 그 증가세는 계속되고 있다.

알라딘은 오랫동안 꾸준히 쌓아온 온라인의 인기를 오프라인까지 이어온 O4O 서비스의 대표적인 성공사례다. 알라딘은 온라인부터 시작해서 오프라인 영역까지 성공적으로 확장시킨 온라인 서점이다. 1998년 설립되어 1999년 온라인 사이트를 오픈했지만, 수많은 온라인 서점 중 하나에 불과했다. 그러나 2008년 2월에는 중고서적과 음반, DVD를 판매하는 오프라인 매장을 열어 사업을 확장시켰고 2011년 종로에 알라딘 중고서점을 시작으로 2018년 기준 국내 45개 매장으로 늘렸다. 이제 온라인뿐만 아니라 오프라인 매장에서 저렴하고 깨끗한 알라딘의 중고책을 이용하는 고객이 많아지면서 다양한 고객층을 확보하고 있다.

전 매장을 'LF몰 스토어'로 전환한 LF

LF는 고객에게는 체험이라는 가치를 주고, 온라인 구매를 통해 매장 방문을 유도하여 수익을 창출하는 O4O 서비스를 제공하고 있다. LF의 'LF몰 스토어'는 LF몰 앱에서 상품을 주문한 후 픽업 요청을 하면 해당 LF몰 스토어에서 제품을 가져갈 수 있다. LF는 2019년 10월 서울 강남권 대표 종합 가두매장인 GS강남타워매장을 온·오프라인 통합 매장 신규 브랜드인 'LF몰 스토어'로 새롭게 재단장하고 문을 열었다. 현재 전국 매장 20곳이 LF몰 스토어로 전환됐다. 이 매장들은 코로나19 한파 속에서도 평균적으로 2019년 동기 대비 100% 안팎의 높은 매출 신장률을 기록하고 있다.

PART **4**

사라지는
우리가 알던 마케팅

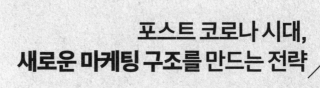

포스트 코로나 시대,
새로운 마케팅 구조를 만드는 전략

코로나19가 처음 우리에게 온 그날 곧 2020년 2월 재택 근무를 시작하면서, 화상으로 진행한 마케팅 미팅의 모습을 떠올려보자. 연초에 계획한 마케팅 실행에 대한 고민이 아닌, 대구·경상도 지역에 확산되는 코로나19 감염에 대한 걱정과 마케팅 연계에 대한 고민을 했을지도 모른다. 그러나 오프라인 매장을 둔 기업은 고객에게 어떤 판촉 상품을 준비해야 할지 고민조차 할 수 없었다. 왜냐하면 매장의 방문 고객에게 방역을 위한 KF94마스크, 손소독제, 체온계를 비치하는 것이 더 시급했기 때문이다.

2020년 마케팅은 연초에 계획한 마케팅 실행이 제대로 되지 않은 한 해였다. 스포츠 분야의 경우 코로나19로 인하여 프로야구, 축구, 농구 등 스포츠 개막이 늦춰졌다. 그리고 무관중으로 진행되었기 때문에 계획된 스포츠 마케팅은 축소될 수밖에 없었다. 연인들의 데이트 장소인 극장의 경우 사회적 거리두기 여파로 극장 관객 수가 줄 수밖에 없었다. 이로 인하여 극장 광고 역시 광고 효율을 올리지 못했다. 각 지역 패스티벌과 오프라인 콘서트와 연계한 마케팅은 취소되거나 비대면 형식으로 진행되었다.

코로나19가 가져온 일상의 변화는 우리가 당연하게 생각해오던 마케팅 채널에 변화를 가져왔다. 코로나19가 종식되면, 우리가 알고 있던 예전 마케팅 채널로 되돌아가게 될까?

공간과 시간에 집착하던
마케팅은 잊어라

코로나19가 가져온 다양한 변화 중 하나는 마케팅 핵심표적고객의 생활공간의 개념이 달라졌다는 것이다. 우선 재택근무 시행은 '직장인은 같은 공간에서 일해야 한다'는 '공간'의 개념을 깨트렸다.

코로나19는 학교와 강의실의 지역 경계도 허물었다. 2021년 5월 전국 80%의 학교가 원격수업으로 전환되었다. 대학생은 강의실이 아닌 동영상 화상강의로 교수자와 친구들을 만나야 했다. 이러한 변화는 온라인 동영상을 시청하는 시간과 빈도의 증가로 이어졌다. 앱애니(App Annie)에 의하면, Z세대는 월 평균 4.1시간을 앱(게임 제외)에서 머물고 틱톡(TikTok)과 스냅챗(Snapchat)과 같은 사회관계망서비스(SNS) 플랫폼을 통해 소통한다. 전 세계적인 인기를 얻고 있는 플랫폼을 보면 직관적이고 캐주얼하게 나를 표현할 수 있는 사진 제작이 가능하거나 짧은 동영상을 의미하는 숏폼을 쉽게 즐길 수 있는 콘텐츠를 보유하는 특징을 지니고 있다. 코로나19를 겪으며 또다른 소비 채널의 변화는 모바일 앱 사용시간이 증가했다는 점이다. 금융과 쇼핑 앱 사용이 60% 급증했고, 밴모(Venmo) 같은 모바일 퍼스트 은행들이 인기를 끌고 있다. 이러한 변화를 어떻게 해석할 수 있을까? 밀레니얼 세대를 뛰어넘어 가장 큰 세대가 될 Z세대의 소비력이 향상되었다. 그리고 모바일에 대한 소비자 습관과 브랜드 충성도 확립이 중요해지고 있다.

부족사회로의 변화 : 현대카드 _____

코로나19는 부족사회를 만들고 있다. 사회적 거리두기는 혼자만의 공간을 만들면서도 자신의 관심사, 취향, 감성을 반영한 전방위적 네트워킹이 가능한 환경이 됐다. 이러한 변화에 '끼리끼리' 문화는 더 강화되고 있다. 기존 사회적·경제적 계급 구분이 아니다. 문화, 취향, 감성을 기준으로 나뉜 공동체로 더 큰 연대감을 갖게 한다. 좋아하는 관심사를 토대로 작고 강한 핵심 집단이 뭉쳐 전체를 움직이는 시대가 된 것이다.

● 감성에 맞추다 - 현대카드 'the green' 'the pink'
기존 신용카드는 사회적·경제적 계급을 드러내는 대표적 상품이었다. 카드 발급 기준에 따라 월 소득, 직업, 직위 등이 간접적으로 드러났기 때문이다. 하지만 현대카드의 'the green'과 'the pink'는 확실히 취향에

코로나19 이후 부족 사회로의 변화

구분	As-Is	To-Be
타깃 (생활 문화권)	회사(종로, 강남) 대학교(홍대, 신촌)	개인 생활 문화권 중심의 부족(Tribe) 사회로 변화
시장세분화 기준	사회적·경제적 계급	문화, 취향, 감성 기준 공동체 연대감 강화
상점	팝업 스토어(Pop up-Store)	모바일 라이브 방송
마케팅 채널	매스미디어 채널 상권 중심 옥외광고 채널 극장 오프라인 페스티벌	퍼스널 미디어 채널 디지털 트랜스포메이션 OTT 채널 비대면 페스티벌
SNS 채널	이미지 중심의 SNS (페이스북, 인스타그램)	개인 생활 문화권 커뮤니티 (당근마켓)

맞춰져 있다. 현대카드의 'green'은 '나'를 표현하는 데 적극적이고 자신만의 라이프 스타일을 추구하는 고객군을 만들었다. 고객군에게 가장 중요한 관심사는 여행이었다. 이에 전 세계 800여 개 공항 라운지 이용이 가능하며 무료 발렛파킹 서비스를 주요하게 적용했다. 출시 5개월 만에 3만 장 발급될 정도로 큰 성과를 이루었다.

2021년 5월에 출시한 'the pink'는 카드의 색부터 감성적으로 접근했다. 일반적인 핑크보다 강렬하고 펑키한 느낌의 핑크 컬러에 블랙과 옐로우 컬러 등을 매치시켜 새로운 감성의 핑크 컬러를 탄생시켰다. 또한 코로나19 상황 속에서도 견고한 상승세를 유지하고 있는 '프리미엄 쇼핑'을 핵심 타깃으로 삼았다. 백화점과 프리미엄 아울렛 오프라인뿐만 아니라, 주요 온라인 쇼핑몰에서도 M포인트 적립 혜택을 제공했다. 기존 신용카드 상품을 만들 때와 다르게 접근했다. 상품을 그들의 관심사, 감성,

문화, 취향에 맞추었고 동일한 성향의 고객을 하나로 뭉치게 한 마케팅 사례라고 할 수 있다.

사라지는 화장품 매장, 그리고 비대면 : 로레알 _____

코로나19로 인한 일시적인 현상이라고 생각될 수도 있지만, 고객의 새로운 구매 경험은 향후 마케팅에 영향을 끼치게 된다. 코로나19로 매장 매출이 줄어든다고 해서 코로나19가 끝나면 매출이 이전처럼 회복될까? 매출의 변화는 고객의 구매행동이 변화되는 것이고, 그에 맞는 마케팅 채널로 예산 변화는 필수다.

명동 오프라인 매장과 화장품 라이브 방송 매출 비교

명동 상권 화장품 매장 61곳 월평균 추정 매출 178만 원 명동 상권 전체 화장품 매장 월 평균 매출 약 1억 860만 원	화장품 라이브 방송 1회 평균 매출 : 1억 – 2억 원 미샤 '아텔로 크림' 3,000세트 완판 아모레퍼시픽 '설화수' 방송 1회당 2억 원 기록

출처 : https://news.nate.com/view/20210318n22319?mid=n0412

명동 화장품 매장의 월매출과 라이브 방송 1회 매출이 같아지는 현상이 나타나고 있다. 오프라인 매장의 매출 감소는 화장품 업계만의 문제가 아니다. 또한 오프라인 매장 매출의 변화는 새로운 채널의 개발 노력을 요구한다.

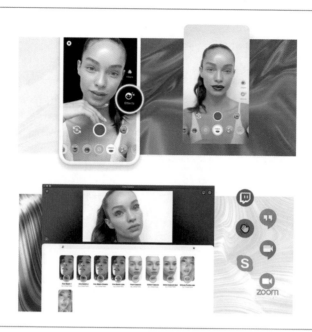

출처 : 로레알 유튜브

로레알의 비대면 마케팅

● 대면을 비대면으로 - 로레알

로레알은 AR 가상 화장 서비스를 시작했다. 코로나19로 원격근무가 확산되면서 화상회의가 보편화된 시대 변화에 맞추어, 가상 화장한 얼굴을 AR로 보여주는 '시그니처 페이스(Signature Face) 필터' 서비스를 개발했다. 시그니처 페이스 필터는 셀카 영상이나 동영상 콘텐츠를 촬영할 때 사용하는 실시간 카메라 필터와 유사한 형태다. 아이 섀도우, 립스틱, 속눈썹까지 가상으로 화장한 모습을 보여줄 수 있고, 줌(Zoom), 인스타그램(Instagram), 스냅챗(Snapchat), 스카이프(Skype), 구글듀오(Google Duo) 등 화상 앱에서 이용 가능하게 개발했다. 화장품을 직접 바르고 사용해보는 것이 고객의 당연한 니즈다.

이러한 비대면 경험은 로레알이라는 브랜드에 대한 충성도로 이어지게 된다. 오프라인 매장에서의 경험을 비대면으로 가져오고, 이러한 비대면 경험은 결국 브랜드 충성도로 이어진다. 새로운 비대면 고객 경험은 1회성 프로모션으로 끝나면 안 된다. 마케팅 채널로 자산화해야 한다. 이러한 브랜드의 경험은 고객과의 다양한 컨택 포인트로 접근을 해야 한다. 이러한 방향은 결국 브랜드가 유통업체를 거치지 않고 제품을 직접 고객에게 판매하는 방식인 D2C(Direct to Consumer) 마케팅 채널로 성장하는 발판이 된다.

새로운 고객 경험, 브랜드 경험 : 싱가포르항공, 누텔라, 곤돌라 레스토랑 _____

코로나19 이후 우리는 많은 것을 못하고 있고 그에 대한 그리움, 갈증이 고객의 니즈로 나타나고 있다. 코로나19로 타격을 받은 브랜드는 시대에 발맞추어 새로운 고객 경험을 제공해야 한다. 즉 공급자 중심의 푸시(Push) 전략은 이제 더 이상 기업의 주효한 마케팅 전략이 될 수 없다. 고객의 니즈와 자사 브랜드의 새로운 경험을 창출해야 한다. 새로운 브랜드 경험은 고객에게 브랜드에 대한 충성도 및 브랜드 재활성화(Revitalization)에 큰 도움을 주며, 브랜드 입장에서는 고객과의 마케팅 소통 채널 확보 및 매출 증대를 가져올 수 있다.

싱가포르항공 마케팅

● 새로운 고객 경험 - 싱가포르항공

항공업계는 사상 최악의 경영난을 겪고 있다. 유수의 많은 항공사가 직원을 감원한 것은 이제 더 이상 새로운 뉴스가 아니다. 대부분의 모든 항공사는 항공기 운항과 파일럿 면허 갱신 등의 목적으로 '목적지 없는 비행' 상품을 내걸고 기회를 잡으려고 애쓰고 있다. 하지만 '목적지 없는 비행 상품'은 환경오염을 일으킨다는 비판만 초래하고, 고객에게는 면세점 쇼핑(만 하는) 상품에 그칠 뿐이다. 이러한 상품은 항공사 브랜드 경험에 도움이 되지 않는다.

싱가포르항공은 초대형 여객기 A380을 식당으로 활용하는 마케팅을 진행했다. A380 여객기를 팝업 레스토랑으로 운영했으며, 손님들은 식사 전에 여행과 같은 경험을 위해 기내를 둘러보고 식사할 좌석 등급을 선택할 수 있다. 또한 기내식과 함께 영화 관람과 오락 프로그램을 즐길 수 있다. 이외에도 싱가포르항공은 항공기 모의 조종 장치 체험, 기내 와인 맛보기 행사, 승무원 체험 등의 다양한 마케팅을 진행했다. 항공업계는 운항이 줄어드는 것에 멈추지 말고, 고객과 소통을 할 수 있는 활동을 지속적으로 만들고 고객에게 새로운 경험을 제공해야 한다.

● 디자인을 통한 브랜드 경험 - 누텔라

끊을 수 없는 '악마의 잼'으로 유명한 이탈리아 브랜드 누텔라(Nutel-la)가 이탈리아의 관광명소를 케이스 디자인에 담았다. 이탈리아 관광공사(ENIT)와 협업한 누텔라의 신규 캠페인 '사랑해 이탈리아'(Ti Amo Italia or I Love You Italy)를 공개했다. '사랑해 이탈리아' 캠페인은 아름다움과 신비로움을 간직한 유적지를 포함한 이탈리아 랜드마크 30곳을 누텔라 병에 디자인으로 담아냈다. 생동감 넘치는 디자인으로 이탈리아에 대한 사랑을 전파하기 위한 프로젝트다. 누텔라는 새로운 라벨에 QR코드를 부착하여 소비자가 이탈리아의 명소를 집에서 가상으로 여행할 수 있도록 했다. 누텔라는 코코아와 헤이즐넛을 배합한 초콜릿 잼으로, 전 세계인이 즐기는 글로벌 식품 브랜드다. 누텔라는 경쟁자가 모방할 수 없는 가치를 독창적인 디자인과 결합하여 브랜드 자산 가치를 높였다. 그동안 제품의 정체성을 확립하기 위한 노력의 일환으로 주둥이가 넓은 펠리칸 자(Pelikan Jar)를 개발하고 패키지 용기를 표준화해왔다. 이번 프로젝트

누텔라 '사랑해 이탈리아' 캠페인

에서 누텔라는 이탈리아를 배경으로 한 디자인에 착수하면서 고객에게 이탈리아의 아름다움을 간접 경험하게 하였다. 코로나19로 인해 여행에 대한 욕구를 충족시켜주는 동시에 누텔라 제품의 정체성을 한층 높인 사례라고 할 수 있다.

● 경험의 확장 - 곤돌라 레스토랑

미국 콜로라도의 곤돌라 숍(The Gondola Shop)은 오래된 스키 곤돌라를 활용해 사회적 거리두기를 갖춘 외식을 위한 창의적인 해결책으로

출처 : Town of Mountain Village 홈페이지

콜로라도 마운틴빌리지의 곤돌라 레스토랑

'스키 곤돌라'를 개인용 식당 공간으로 개조하고 있다. 레스토랑 업계에서 위협이 되고 있는 '실내 코로나19 확산의 위험성'을 해결할 수 있는 방안을 고민했고, 고민 끝에 자신의 오래된 '스키 곤돌라'를 활용해 개별 야외 식당 공간을 제작하기로 결정한 것이다. 2020년 1월 코로나19로 인

해 스키장들이 문을 닫기 시작한 뒤, 곤돌라 계약이 들어오지 않자 폐업할 예정이었다고 한다. 하지만 2020년 9월, 콜로라도의 마운틴빌리지(Town of Mountain Village)의 한 스키 리조트에서 12곳의 레스토랑이 공유하며 사용할 5개의 개조 곤돌라를 의뢰했고, 2주 후 리조트 측은 곤돌라 주문량을 총 25개로 늘렸다. SNS를 통해 주목받은 이후 다른 레스토랑에서도 개조 곤돌라를 원하는 문의가 빗발치고 있는 상황이다.

곤돌라 레스토랑은 하나의 독립적인 공간을 제공하기 적합한 곤돌라의 이점을 코로나19에 특화된 레스토랑으로 전환해 새로운 산업 경험으로 확장한 사례라고 할 수 있다.

새로운 마케팅 채널, 그리고 소통 : 넷플릭스, 라이브커머스 ─────────────

TV, 신문, 옥외광고와 같은 익숙한 광고 채널이 디지털 채널로 변화하는 디지털 트랜스포메이션(Digital Transformation)은 포스트 코로나 시대에도 지속될 트렌드다. 하지만 포털 사이트에 광고를 하고, 유튜브를 통해 광고하고, 다양한 SNS 채널에 유료 광고를 집행하고 비용을 확대하는 것이 디지털 트랜스포메이션의 정답일까? 마케팅 커뮤니케이션 채널은 너무 간단하다. 고객이 자주 찾고 이용 방문하는 장소나 SNS 채널, 혹은 쇼핑사이트를 통해 고객에게 브랜드가 전하고자 하는 메시지를 구체적으로 전달할 수 있어야 한다. 기업의 단순한 일방향 커뮤니케이션 방식이 아닌 고객과의 소통을 통해 자연스럽게 접근하는 것이 필요하다. 고객과의 소통 과정에서 자사 브랜드의 가치를 전달하고 고객이 브랜드를 통해 어떤 것들을 얻게 되는지 제공해주어야 한다. 이런 경험을 거쳤을 때야 비로소 고객은 브랜드 이야기에 귀를 기울일 것이다.

● 새로운 마케팅 채널 - 넷플릭스

코로나19 이전 극장광고는 고객과 소통할 수 있는 매력적인 마케팅 채널이었다. 새로운 미디어 플랫폼인 OTT로 대표적인 채널 넷플릭스는 직접 콘텐츠를 제작한 드라마·예능·영화의 마케팅 채널로 진화할 것으로 판단된다. 유튜브 채널이 처음에는 유저들이 콘텐츠를 생산하고 보는 UCC 채널로 시작했지만, 지금은 TV 광고와 같이 빠질 수 있는 광고 마케팅 채널로 변화한 것과 같다. 코로나19로 인한 세계인의 라이프스타일 변화로 가장 큰 수혜를 입은 넷플릭스는 2억 구독자를 확보한 사상 최대의 4분기 실적을 발표했다. 구독자는 2017년 3분기 1억 명에서 3년 만에 2배 증가했고, 매출도 66.4천만 달러로 증가했다.

넷플릭스를 활용한 마케팅 사례는 디즈니를 들 수 있다. 코로나19로 테마파크 방문객이 급감하며 큰 타격을 받은 디즈니는 온라인 스트리밍 서비스의 가입자 급증으로 인해 주가가 급반등했다. 일부 디즈니월드가 폐쇄되며 큰 위기를 맞았지만, 넷플리스에서 야심차게 출시한 스트리밍 서비스 디즈니플러스(Disney+)는 출시 1년 만에 구독 회원 7,300만 명을 돌파하고 훌루(Hulu)와 ESPN도 크게 성장했으며, D2C(Direct to Consumer) 부문 매출도 41% 증가했다. 디즈니는 코로나19로 주력 산업

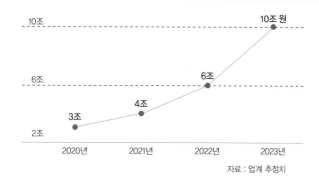

자료 : 업계 추정치

국내 라이브커머스 시장 규모

인 영화관과 테마파크가 문닫는 사태를 스트리밍 서비스인 디즈니플러스라는 전략적 변화로 대반전을 이루어낸 것이다.

'우리 브랜드는 디즈니와 같은 콘텐츠 제작회사도 아니고, 영상 제작을 보유한 회사가 아니다'라는 생각으로 해당 내용을 자사 브랜드와 상관없다고 생각할 수도 있다. 하지만 인기 있는 드라마와 예능 프로그램에 내 브랜드와 상품을 알리는 PPL을 해온 것처럼, 콘텐츠 웹드라마, 웹예능, 브랜디드 콘텐츠 제작으로 브랜드 홍보를 진행하는 채널이 이제는 OTT 서비스인 넷플릭스로 확대될 것이다. 마케터라면 이러한 변화를 가장 먼저 확인하고, 자사 브랜드에 맞는 마케팅 콘텐츠 제작에 직·간접적으로 참여해야 한다.

● 새로운 마케팅 채널 - 라이브커머스

코로나19로 인하여 비대면 소비가 급격하게 증가했다. 로켓배송, 새벽배송과 같이 빠른 배송 중심의 커머스가 성장하고 있다. 이러한 빠른 배송뿐만 아니라, 비대면으로 하지 못하는 체험을 강조한 라이브커머스 시장이 폭발적 성장을 하고 있다. 모바일을 통한 쌍방향 소통에 더욱 익숙해지면서 라이브커머스는 유통업계의 화두가 되고 있으며 시장의 성장세는 당분간 커질 것이다.

왜 라이브커머스에 열광할까? 코로나19로 비대면 소비가 증가하면서 표적고객은 온라인상에서 오프라인 쇼핑의 재미를 찾고 싶은 것이다. 오프라인 쇼핑의 장점은 무엇일까? 바로 '소통'의 재미 요소다. 새로운 가게를 찾아가고, 새로운 상품 즉 신상을 찾아서 주인에게 상품에 대해 문의하고, 좀 더 싸게 구매하는 것이다. 남들보다 먼저 사용하고 인스타그램에 알려서 인싸가 되는 그런 경험을 원하는 것이다. 라이브커머스가 잘되는 이유는 그 시간 안에 댓글과 실시간 채팅, 소비 장면 시연으로 내가 그 현장에 있는 느낌으로 리테일에서 가게 주인과 가장 흡사한 경험을 제공하는 것이다. 이러한 경험의 제공은 바로 언택트 소비의 상징이며, 마케팅 데이터의 수집과 프로모션을 함께할 수 있는 중요한 마케팅 채널로 바라보아야 한다.

마케팅도 '거리두기'에서
답을 찾아라

코로나19로 사회적 거리두기는 이제 너무나 당연한 일상이 되었다. 영화나 공연을 보러 가도 좌석의 일부는 비워두고, 카페와 식당에서 테이블에 거리를 두고 앉는 것이 익숙해졌다. 이러한 거리두기의 상황에서 가장 어려움을 겪고 있는 마케팅 채널은 어디일까? 고객 경험이 필요한 오프라인 행사장과 새로운 상품을 알리는 신제품 행사장이겠다. 많은 사람에게 자사 브랜드를 소개하고, 새로운 제품을 홍보하는 오프라인 체험은 꼭 필요한 마케팅 수단이다. '거리두기'를 시행하는 시기에는 오프라인 마케팅 활동을 하지 못하고 기다려야만 하는 것일까? 코로나19 시기에 비대면으로 진행한 온라인 행사는 예전에 진행한 오프라인 행사만큼 성공을 거두었을까?

사회적 거리두기는 하나의 생활이자 문화가 되고 있다. 이러한 익숙한 일상이 된 '거리두기'는 코로나19 이후 우리에게 새로운 생활 습관으로 자리 잡고 있다. '거리두기'가 방역만을 위한 것이 아닌, 생활에 편리함을 주는 익숙한 습관이 되고 있는 것이다. 이러한 습관에서 기존 마케팅 채널은 불편하게 여겨질 것이다. '거리두기' 안에서 기존 마케팅 채널의 새로운 대안을 찾고 연구해야 한다. 변화된 사회 현상에 따라 마케팅 활동도 변화해야만 한다.

거리두기의 재미 : 소셜 하모니 프로젝트

코로나19로 인해 처음 시행된 사회적 거리두기는 우리에게 아주 낯설었다. 줄을 설 때, 앞 사람과 얼마나 거리를 둬야 하는지, 거리를 너무 두면 내 앞에 다른 이가 줄을 서는 경우도 있었다. 오프라인 매장을 운영하는 브랜드는 매장 바닥에 열심히 테이핑을 해야만 했다. 계산대 앞에 열심히 테이핑을 해도 지켜지는 일은 거의 없었다. 그런데 이러한 어려움을 재미나게 풀어가는 프로젝트를 진행한 사례가 있다.

● 사회적 거리두기를 체험 마케팅으로 - 소셜 하모니 프로젝트

일본 요코하마에 있는 음악 공연장 미나토 미라이홀(Minato Mirai Hall) 입구 바닥에 커다란 악보가 그려져 있다. 음악 공연장의 바닥 장식이라고 생각될 것이다. 디자이너 에이스케 타치카와(Eisuke Tachikawa)의 '소셜

미나토 미라이홀 소셜 하모니 프로젝트

하모니'(Social Harmony)다. 바닥에 악보를 그려두고 각 음표 위에 줄 서
도록 했다. 사회적 거리두기 프로젝트 '소셜 하모니'는 코로나19 시대의
당연히 지켜야만 하는 규칙을 하나의 체험 마케팅으로 적용한 사례다.

기업은 고객의 감성적 소비가치에 공감대를 제공할 수 있는 브랜드
접점공간을 계획하여, 체험 마케팅을 소비자에게 제공한다. 질병본부에
서 거리두기를 하라고 100번 말하는 것보다 체험을 제공함으로써 쉽게

접근할 수 있는 것이다.

소셜 하모니 프로젝트에는 악보만 그려진 것이 아니라 센서가 내장되어 음표를 밟으면 해당 음의 소리가 나온다. 악보의 음악은 프랑스 작곡가 겸 피아니스트 에릭 사티의 '짐노페디'라는 곡의 일부다. 즐겁고 안전한 거리두기의 아이디어이자 사회적 거리두기의 규칙을 최대한 재밌게 풀어낸 사례다. 이 사례를 통해 얻을 수 있는 통찰력은 무엇일까? 기업은 고객의 감성적 소비가치와 브랜드의 차별화된 감성을 연결해야 한다는 것이다. 또한 디자인의 방향성을 지속적으로 연구하고 계획하는 과정을 소홀히 하면 안 된다는 것이다. 고객에게 감성적 경험과 편의시설을 제공함으로써 브랜드 이미지가 긍정적으로 전달될 수 있도록 마케터는 실내외 디자인을 계획해야 한다. 내 브랜드의 물건을 많이 팔기 위해 고객에게 접근하는 것이 아니라, 새로운 브랜드를 재미나게 공감할 수 있게 해야 한다. 흥미로운 체험만 제공하는 것이 아니라, 오프라인에서 얻으려는 목적을 위한 설계가 중요하다. 소셜 하모니 프로젝트처럼 익살스럽게 거리를 두고 고객이 자연스럽게 규칙을 지키면서 브랜드의 감성을 경험하고 체험하는 목적을 이룬다면 큰 브랜드 마케팅 체험이 될 것이다.

언택트가 가져온 드라이브스루 : 하이네켄

지금까지 당연했던 일들이 코로나19 시대에 접어들면서 더 이상 당연하지 않게 됐다. 지역사회 감염 확산을 막기 위해 사회적 거리두기가 일상화되면서 예전처럼 여럿이 카페에서 커피 마시며 대화하거나 음식점에서 밤 늦게까지 시간을 보낼 수 없게 됐다. 안전을 위해서 사람들은 대면이 아닌 차에서 바로 내가 원하는 것을 취하는 비대면 방법을 찾고 있다. 코로나19에서 가장 많이 나타난 현상은 드라이브스루(Drive-thru)다. 드라이브스루는 자동차를 타고 지나가는 것이다. 스타벅스, 버거킹, 맥도날드 등에서 드라이브스루로 주문을 하고 차 안에서 편하게 서비스를 받는 것을 일컫는다.

드라이브스루 방식은 코로나19 이전에도 우리 생활 가까이 있었다. 그러다 코로나19 선별 검사소의 코로나 검사 드라이브스루로 우리에게 한층 새롭게 다가왔다. 코로나19 증상이 의심되는 사람들과 함께 서서 기다리는 것이 아니라, 내 차에서 대기를 하고 있다가 내리지 않고 바로 코로나 검사를 받게 된 것이다. 선별 검사소를 시작으로 해외에서는 드라이브스루 장례식과 결혼식으로 확장되었다. 간편함과 안정성이라는 두 마리 토끼를 잡았기에 여러 분야에서 확산되고 있는 중이다. 또한 국내에서는 해외 여행을 갈 수 없는 고객을 위해 호텔 음식을 드라이브스루로 픽업하는 상품도 내놓았다.

포스트 코로나는 그동안 없었던, 완전히 새로운 것이 생겨나는 게 아니다. 그동안 새롭게 생겨나고 있던 인프라, 생활양식, 습관이 코로나19를 거치면서 빠르게 우리 일상에 스며드는 것이다. 이러한 현상을 '마케팅 채널'로 '내 브랜드'로 가져와야 한다.

● '맥주 바' 드라이브스루 - 하이네켄 0.0

거리를 운전하면서 또는 고속도로, 강변북로와 같은 자동차 전용 도로의 상습적으로 밀리는 구간에서는 옥외 광고판을 쉽게 볼 수 있다. 이 옥외 광고판은 특정 지역을 거점으로 하여 불특정 다수의 사람을 대상으로 하는 광고물이다. 어떤 일정 공간을 점거하여 통행적인 시계 영역에 강제적·반복적·시각적 자극을 전달하는 매체의 특성을 가지고 있다. 예를 들면, 운전자라는 타깃과 목적지에 맞는 메시지를 제공할 수 있다. 인천공항으로 가는 고속도로에는 면세점 광고가 적합하며, 타깃인 운전자에게 맞춘 자동차보험과 같은 상품이 적합하다. 운전자의 이미지에 영향을 받는 옥외 광고는 아주 흔한 마케팅 광고 채널이다.

하지만 브라질 리우데자네이루에서 운전자들이 경험한 옥외 광고는 매우 달랐다. 실제 바(bar)처럼 만든 드라이브스루 '맥주 바'가 도로에 등장한 것이다. 드라이브스루로 술을 마신다니, 익숙한 상황에 너무 낯선 상품이 등장한 것이다. 이 광고를 보면 누구나 운전을 하면서 맥주를 구매하는 것과 음용하는 것은 문제 있다고 생각할 것이다. 맥주 회사가 음주운전을 장려하는 것인지 의문스러울 것이다. 하지만 걱정하지 않아도 된다. 바로 브라질에서 가장 많이 팔린 '하이네켄' 무알코올 0.0 버전 광고이기 때문이다. 운전 중에 마셔도 문제없는 무알코올 맥주를 홍보하기 위해 드라이브스루 광고 방식을 택했다. 코로나 시기와 맞아 떨어져 더욱 화제가 됐다.

하이네켄이 무알코올 맥주를 선보인 것은 현재의 음료 트렌드에 기반한다. 세계 시장 조사 기관인 글로벌 마켓 인사이트의 연구 결과에 따르

하이네켄 드라이브스루 마케팅

면, 세계적인 무알코올 시장의 규모가 2019년 95억 달러(약 10조 원)를 넘어섰으며 2020년에서 2026년 사이에 연평균 7.5% 이상 성장하리라 예측했다. 건강에 신경 쓰는 웰빙 문화와 동시에 가볍게 술을 즐기는 주류 문화가 퍼지면서 무알코올 음료 시장은 더욱 확대되고 경쟁이 치열해질 전망이다. 국내는 물론 세계적인 주류 브랜드들이 앞다투어 무알코올 맥주를 선보이고 경쟁 우위를 다투고 있다.

새로운 시장의 새로운 제품일수록 고객에게 상품 이미지를 확실히 각인시켜야 한다. 또한 새로운 채널로 새로운 경험을 제공해야 한다. 그런 의미에서 프리미엄 맥주 하이네켄 0.0은 '아웃도어 바'로 마케팅하여 언택트 시대 새로운 체험과 경험을 제공한 성공 사례라 할 수 있다.

언택트로 체험 마케팅 :
넷플릭스 <기묘한 이야기>, <승리호> _____

신제품 발표회라는 것이 무엇일까? 새로운 상품, 브랜드 등을 소개하고 현장에서 직접 시연을 한다. 많은 기자와 이해관계자를 초대하여 다양한 소통 채널을 통해 고객에게 새로운 상품에 대한 기대감을 전하고 높이는 것이다. 그러나 코로나19 이후 이러한 신제품 발표회는 취소되거나 기자 간담회 정도로 축소 진행되었다. 꼭 체험이 필요한 상품들은 VR, AR을 활용한 비대면 채널(유튜브 라이브, 줌 등)로 간접 경험을 진행할 수밖에 없었다.

● 드라이브스루 체험 마케팅 - 드라마 <기묘한 이야기>

넷플릭스의 인기 드라마 <기묘한 이야기> 마케팅 사례를 보자. 넷플릭스에 돈 제일 많이 벌어다 준다는 시리즈로 시즌4까지 나온 상황이고, 그만큼 대중적으로 인지도가 높은 드라마다. 전 세계적으로 테마파크 업계가 어려움을 겪고 있다. 각종 여행 상품과 이벤트가 모두 취소되거나 축소되는 일이 점점 늘어나고 있는 현실은 이미 많이 언급했다. 독일, 프랑스, 벨기에 등 유럽 테마파크는 재개장과 재휴장을 반복하고 있고, 미국 LA에 위치한 디즈니랜드와 유니버셜 스튜디오도 2020년 초부터 긴 시간 휴장해야 했다.

그러던 중 드라마 <기묘한 이야기>를 고객이 경험하고 체험할 수 있도록 하였다. 어떻게? 코로나19의 사회적 거리두기에서 가장 적합한 방

Start. 스타코트 몰에서 간식을!	차 안에서 대기하다가 예약 시간이 되면 운전하여 입장. 자동차 극장과 같이 라디오 주파수 채널을 맞추면 음악과 함께 배우들의 대사가 전달. 아이스크림 및 각종 음료수 그리고 기념품 구입.
파트1. 데모고르곤의 등장	주차타워 중간에 차를 주차해 놓으면 배우들의 연기 시작. 극중 캐릭터인 더스틴과 스티브 등장, 정체를 알 수 없는 사람들과 괴생명체 데모고르곤도 등장.
파트2. 뒤집힌 세계	파트 1이 끝나면 안내 요원의 수신호에 따라 차량 이동. 파트 2에서 담고 있는 배경으로 이동, 드라마처럼 먼지가 휘날리고, 정체를 알 수 없는 괴생명체의 뿌리들이 이곳저곳에 붙어 있는 환경.
파트3. 엔딩	파트 3은 절정으로 큰 스크린과 함께 공연 진행, 주인공이 무대 앞에 초능력을 발휘, 화려한 특수 효과와 배우들의 연기로 무대 종료.

<기묘한 이야기> 드라이브스루 체험 프로그램 순서

식으로 말이다. 계속 이야기하고 있는 '드라이브스루'를 테마파크로 가져와 거리에서 즐기던 것을 차 안에서 안전하게 즐기는 형태로 탈바꿈시켰다. 공식 명칭은 '기묘한 이야기 드라이브 인투 익스피리언스'(Strangers Drive-into Experience)다. 넷플릭스 <기묘한 이야기> 드라이브스루 체험은 총 1시간으로 13세 이상 관람 가능하다. 오픈 초기에는 3개월 티켓이 매진될 정도로 인기가 많았다.

내 상품, 내 브랜드를 콘텐츠화하여야 한다. 또한 콘텐츠는 고객들이 변화하는 환경 속에서 체험하고 경험할 수 있도록 개발되어야 한다. 개발된 다양한 콘텐츠는 브랜드와 제품에 생명을 다시 불어넣어 준다.

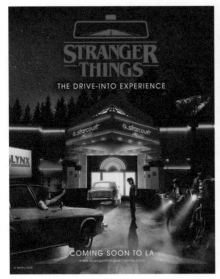

넷플릭스의 <기묘한 이야기> <승리호> 마케팅 포스터

● 드라이브스루 체험 마케팅 - 영화 <승리호>

신제품 발표회와 드라이브스루 테마파크 얘기를 왜 했을까? 언택트 시대에 가능한 신제품 마케팅 방법이기 때문이다. 코로나19는 한국영화 기대작은 물론 헐리우드 블록버스터까지 모두 개봉을 연기하거나 OTT 플랫폼 공개로 방향을 틀었다. 송중기, 김태리, 진선규, 유해진 주연의 SF 영화 <승리호> 또한 극장 단독개봉 위험을 감수하는 대신 넷플릭스 행을 택했다. 영화 개봉이 극장이 아닌 넷플릭스 독점으로 바뀐다고 하여 영화 마케팅이 멈추는 것은 아니다. 내 브랜드, 상품에 대한 판매 채널이 변하고 다양화된 것이지, 마케팅의 목표 즉 우리가 가야 할 목표가 바뀌는 것은 아니다. 유통 채널이 다양화되고 이커머스(e-Commerce)의 채널도 다양화되고 있다. 그 채널에 맞는 마케팅 변화가 중요하다. 물론 그럼에도 가야 할 목표를 항상 생각하고 기획해야 할 것이다.

영화 개봉 당시 서울 강남 한복판에는 추락한 우주선 모형이 설치됐다. 폴리스 라인이 설치된 현장에는 "2월 5일, '승리호'가 수거 예정"이라는 문구가 붙어 있어 궁금증을 자아냈다. 정체를 파악하기 위해 등장한 요원과 취재를 나온 기자까지 등장하는 퍼포먼스가 진행됐다. 이러한 퍼포먼스는 당연히 SNS에 빠르게 퍼졌고, 영화에 대한 기대감을 높이기에 충분했다. 여기까지의 런칭 티징 마케팅은 누구나 다 아는 것이다. 이러한 기대감을 고객이 체험할 수 있는 경험으로 이어가는 것이 중요하다. 코로나19 사회적 거리두기가 심각해지는 이 시기에 체험 마케팅을 쉽게 생각할 수 있을까? 이 시기에 체험 마케팅을 진행하면 철저한 무관심을 받거나 체험 마케팅 오프라인 장소에 확진자가 나오게 되면 비난의 여론 뿐 아니라 영화 흥행에 악영향을 줄 수 있다.

영화 〈승리호〉 체험 마케팅은 드라이브스루 형식으로 진행되었다. 이 체험은 서울 용산역 주차장에 마련됐다. 자차로 체험장에 도착하면 우주복을 입은 현장 스태프가 보급품을 전달하고, QR코드를 통해 접속하면 영화 속 BGM이 흘러나오면서 체험이 시작된다. 워프 터널을 통과하면 2092년으로 타임워프한다는 설정이다. 우주청소선 승리호와 선원을 소개하는 공간을 지나면 영상이 흘러나오고 체험자는 차 안에 있지만 마치 우주 공간에 들어선 듯한 느낌을 경험한다.

실제 체험자들은 짧은 시간이지만, 〈기묘한 이야기〉 드라이브스루와 같이 테마파크 수준의 디테일과 퀄리티에 놀라움을 느꼈고, 신선한 경험에 대한 후기를 SNS로 공유했다. 넷플릭스식 체험형 콘텐츠는 광고 기피 현상은 줄이고 흥미를 유발한다. 동시에 호기심을 자극하면서 또 다른 재미 요소를 만들어낸다. 비록 체험을 한 사람은 소수이지만, 남다른 방식의 체험은 체험자들을 통해 자발적이고 긍정적인 입소문으로 번진다.

코로나19로 변화된 생활 속에서 불편함을 감수하기 위해서 나타난 새로운 문화와 습관은 곧 우리 생활에 익숙해질 것이다. 또한 이러한 변화는 문화 소비 트렌드를 이끄는 마케팅 채널이 될 것이다. 기존의 틀에서 벗어나 앞으로 변화될 마케팅 방식을 이해하고 접근할 때 더 큰 가치를 만들어내는 마케팅 채널이 된다는 것을 놓치면 안 되겠다.

고객에게 관심을 받는
마케팅 방법은?

코로나19의 브랜딩, 마케팅은 앞서 설명한 것처럼 변화된 우리의 생활에 따라 기존 마케팅 채널의 축소와 소극적 마케팅 활동으로 변할 수밖에 없게 됐다. 하지만 코로나19라고 브랜드, 상품, 회사의 매출 목표는 변하지 않는다. 누군가 성공했으며 그러한 마케팅 성공사례에 관심이 갈 수밖에 없는 상황이 되었다. 코로나19 이전에 우리는 컬래버레이션(Collaboration) 마케팅의 전성시대라고 할 정도로 다양하고 재미난 컬래버레이션 마케팅이 진행됐다.

마케팅 성공 사례의 한 측면만 보고 따라한다고 고객이 좋아하고 물건을 구입하게 될까? 어느 시점부터 동종, 이종 분야의 상호 협력에만 초점을 맞춘 컬래버레이션 마케팅 상품이 쏟아지고 있다. 자극적인 요소로 소비자의 관심만 구걸하고 있다는 생각이 든다. 우리 마케터는 당장 현재의 문제를 해결하고 싶어한다. 또한 경쟁이 심화될수록 당장의 생존, 살아남는 것에만 집중한다. 그러나 마케팅의 기본은 생존이 아니고 성장이다. 성장을 위해서는 브랜드와 포지셔닝 관점에서 사고하지 않으면 안 된다. 이에 브랜드의 성장이라는 관점에서 컬래버레이션 마케팅을 이야기하려고 한다.

브랜드 컬래버레이션 : 프라다&현대자동차, 구찌&노스페이스 _____

브랜드의 컬래버레이션은 브랜드의 포지셔닝을 움직일 수 있는 가장 유효한 접근이다. 우선 브랜드의 성격을 만드는 것이 중요하다. 이것은 곧 내 브랜드에 어떤 생명을 불어넣을 것인가에 대한 고민에서 시작된다. 사람도 똑같다. 예를 들어 단정하고 똑똑한 이미지를 얻고 싶다면 공부를 열심히 하면 된다. 하지만 보다 빠른 방법은 전교 1등과 같이 다니면서 함께 공부하는 것이다. 싸움을 잘하고 싶은 이미지를 얻고 싶다면 태권도나 권투를 배우는 것보다 싸움을 잘하는 친구들과 어울리는 게 빠르지 않았을까? 브랜드의 이미지는 컬래버레이션하는 브랜드의 이미지를 함께 공유하고, 고객에게 전달하는 방식이다. 이러한 방식으로 브랜드의 포지셔닝도 함께 움직일 수 있다.

● 명품과의 만남 - 프라다&현대자동차

과거 LG전자의 '프라다폰'을 기억하는가? 당시 상황을 잠깐 언급하면, LG전자의 휴대폰은 삼성과 SKY 휴대폰보다 대중적 이미지가 강했다. 휴대폰 시장에서 고급스러운 이미지를 끌어올릴 수 있는 전략이 필요했다. 그 전략으로 프라다라는 명품 브랜드와 컬래버레이션한 '프라다폰'을 출시했다. '프라다폰'은 프라다의 명품 이미지와 한정판이라는 콘셉트로 고객에게 고급스러운 이미지와 명품 폰으로 포지셔닝을 할 수 있었다. 프라다 역시 패션에 한정되어 있던 브랜드 라인을 핸드폰이라는 시장으로 확장하며 기회를 엿볼 수 있는 역할을 했다.

2009년 당시 현대자동차의 제네시스도 프라다라는 이름으로 시장에 나왔다. 이를 기억하는 사람은 많지 않을 것이다. 제네시스 프라다의 경우, 국내 판매 목표량 1,200대 중 300대만 판매되어 성공 사례가 아니었다. 또한 1호차 주인공 차인표 배우가 차량을 중고차 매물로 내놓아 현대차는 이미지에 타격을 입었다. 이 당시 현대차는 대중적인 브랜드였으며, 독자적인 고급 브랜드 도입이 필요했다. 하지만 런칭 초기에는 현대차-제네시스-프라다 라는 연결고리를 얻고자 했다. 돌이켜보면 고급차 판매에 대한 마케팅 영업 노하우도 부족했다고 생각된다.

하지만 브랜드 정체성을 위한 노력은 지금까지 이어지고 제네시스가 국내 자동차 시장에서 고객 기억 속에 어떤 이미지인지 판단하면 브랜드 전략의 중요성을 가늠할 수 있다. LG전자는 프라다폰 이후, 명품 이미지의 상품 출시 또는 컬래버레이션을 이어가지 못했다. 브랜드의 전략은 장기적으로 가져가야 하며, 한두 번의 컬래버레이션이 아닌 전체적인 전략에서 꾸준히 진행되어야 한다.

● 명품과의 만남 - 구찌&노스페이스

럭셔리 브랜드 구찌와 아웃도어 브랜드 노스페이스는 건물 외벽에 브랜드 로고와 문양으로 장식하는 벽화 컬래버레이션 캠페인을 진행했다. 뉴욕과 홍콩, 상하이, 런던, 밀라노의 건축물에 벽화를 그린 캠페인으로, 5층 건물 외벽에 노스페이스 패딩을 입힌 벽화를 공개하여 화제가 되었다. 구찌와 노스페이스의 컬래버레이션은 '가장 인기있는 명품과 아웃도어의 만남'으로 눈길을 끌었다. 구찌 특유의 화려한 색감과 패턴을 살리

구찌&노스페이스의 벽화 컬래버레이션 캠페인

면서 노스페이스의 디자인과 기능성을 강조한 것이 특징이다. 컬래버레이션 기간 동안 티셔츠와 바지, 치마, 다운재킷, 코트 등의 의류와 백팩, 하이킹부츠, 텐트, 모자 등 다양한 제품을 선보였다. 명품 브랜드의 컬래버레이션은 특정 기간 동안 한정 수량만 판매하는 데다 평소 브랜드에서 볼 수 없었던 새로운 디자인을 만날 수 있어 소비자의 소장 욕구와 관심을 이끌어낸 성공적인 마케팅으로 인식되었다. 루이비통과 슈프림, 디올과 나이키, 프라다와 아디다스 등의 사례처럼 명품 브랜드가 MZ세대에게 친숙한 아웃도어 브랜드와 컬래버레이션을 진행해 브랜드에 새로운 생명을 불어넣고 있는 것이다.

레트로와 뉴트로 :
곰표 _____

최근 컬래버레이션 브랜드 대상이 주로 과거부터 있었던 브랜드 중심으로 이루어지고 있다. 코로나19 이후 가장 큰 변화는 학교, 직장이라는 생활문화권에서 온라인수업, 재택근무로의 변화다. 출근한다고 해도 거리두기와 제한적 생활로 '지금, 여기'가 그다지 중요하지 않게 되었다. 온라인과 모바일 속에서는 관심만 있으면 언제든지 과거의 것을 가질 수 있다. 브랜드, 상품 마케팅 기획자 입장에서는 '언제, 어디서, 무엇이' 다시 뜰지 모르게 된 것이다. 현재 모든 유행의 주기가 짧고, 소비하는 콘텐츠도 빠르게 휘발되기 때문에 포스트 코로나 시대에는 더욱 내가 경험하지

레트로와 뉴트로 비교

구분	레트로	뉴트로
의미	과거 재현	익숙하지 않은 옛것
소구	향수(Nostalgia), 친밀감 옛것에 대한 그리움	새로운 콘텐츠, 아날로그 감성, 참신함 경험하지 못한 '옛것'에서 새로움을 느끼며 흥미 유도
타깃	40-50대 이상 중장년층	10-20대 젊은 층

않은 옛것이 새롭게 보일 수 있다.

과거의 것에 열광하고 컬래버레이션하고 싶은 브랜드 1위가 되고 있는지, 레트로(Retro)와 뉴트로(Newtro)를 통해 살펴보자. 레트로란 과거의 재유행이라고 생각하면 된다. '응답하라' 시리즈부터 레트로, 복고가 급격히 유행했던 것과 같다. 좀 더 인문학적으로 찾아보면, 레트로의 발생 배경에는 포스트모더니즘(Post-Modernism)이 있다. 포스트모더니즘은 모더니즘과는 반대되거나 탈피하려는 경향을 뜻한다. 모더니즘이 쉽게 말해서 이성과 진보를 강조하는 사조였다면, 포스트모더니즘은 이를 비판하며 등장한 것이다. 20세기 말부터 미술, 패션, 건축 등에서 영감을 과거에서 찾으려는 레트로가 유행하기 시작했다. 이러한 기원을 언급한 이유는 포스트 코로나로 인해 이러한 레트로의 정서가 지속되리라 예측되기 때문이다.

뉴트로를 살펴보자. 결국 마케터가 해야 할 것은 뉴트로다. 뉴트로는 MZ세대라고 불리는 1030세대에게 경험하지 못한 '옛것'에서 새로움을 느끼게 하는 트렌드다. 즉 겪어보지 못한 경험에 호기심을 불러일으키는 것이라고 생각하면 된다. 그렇기에 컬래버레이션은 레트로 접근보다는 뉴트로 접근이 중요하다.

● 그냥 밀가루가 아니다 - 곰표

부모님 댁에 방문할 때, 커다란 봉지의 '곰표 오리지널 팝콘'을 사간 적이 있다. 그렇지 않아도 밀가루가 떨어졌는데 어떻게 알았냐며 반가워 하다가 팝콘인 것을 알고 당황해하셔서 다 같이 유쾌하게 웃던 경험이 있다. 곰표는 68년 넘은 대한제분 밀가루 브랜드다. 곰표 브랜드가 컬래버레이션으로 어떻게 브랜드 이미지를 구축하고 있는지 소개해본다.

제2의 허니버터칩이라고 불릴 만큼 완판 행진을 이어가고 있는 제품이 바로 곰표 밀맥주다. CU, 세븐브로이와 컬래버레이션하여 탄생한 곰표의 밀맥주는 출시 일주일 만에 30만 캔을 돌파하여 유통업계에서 새로운 신화를 쓰고 있다.

곰표 컬래버레이션의 시작은 철저한 기획이라기보다는 우연에 가까웠다. 2017년 4XR이라는 쇼핑몰에서 곰표 브랜드를 활용해 티셔츠를 판매한 것이 시작이다. 사전에 대한제분과 '곰표' 브랜드 활용에 대한 논의가 된 사항이 아니어서 법정 분쟁까지 갈 수 있는 상황이었다. 마침 대한제분도 곰표 굿즈에 대한 기획이 있었고, 티셔츠에 대한 시장 수요도 나쁘지 않은 것을 확인한 곰표 브랜드팀은 빠른 판단 아래 4XR과 본격적으로 컬래버레이션을 진행하였다. 시작은 작은 헤프닝에서 비롯됐지만 컬래버레이션 마케팅은 철저한 브랜드 관점에서 진행해야 한다는 뜻이다. 우등생 이미지를 갖고 싶다고 전교 1등과 같이 다니기만 하면 될까? 나 자신만의 정체성, 즉 성격과 이미지를 철저하게 정의하는 것이 먼저다.

곰표 컬래버레이션 브랜딩을 보자. 첫째, 곰표 브랜드에 걸맞게 '곰이란 이미지에 부합'되어야 한다. 두 번째는 '밀가루처럼 하얗고 깨끗한 것'을 추구해야 한다. 마지막은 곰표 브랜드 정체성 "즐거운 요리 동반자"가 기반이어야 한다. 즉, "즐거운 요리 동반자"에 어울리는 '즐겁거나' '반전'이 있거나 '위트'가 있는 제품과 컬래버레이션을 해야 한다. 판매·매출 증대에 초점을 맞추는 것이 아니라 곰표 브랜드가 추구하는 브랜드 정체성에 적합해야 한다는 뜻이다.

그렇다면 컬래버레이션의 장점은 무엇일까? 바로 브랜드 재활성화다. 브랜드 재활성화는 브랜드의 차별적 속성 쇠퇴, 브랜드 노후화 등으로 인해 브랜드 가치가 하락할 때, 적절한 재활성화 방법을 통해 브랜드 성과를 높이는 전략이다. 우리 브랜드에게 친구를 소개해주고, 우리 브랜드가 사회생활을 하도록 이끄는 것이 필요하며, 이런 과정에 기여하는 것이 바로 브랜드 재활성화 전략이다. 이를테면 밀가루 만드는 회사가 브랜드 재활성화 방법 중 하나인 컬래버레이션을 통해 티셔츠라는 새로운 경험을 제공하여, 새로운 가치를 창출하는 것이다. 기존 곰표 브랜드의 대상이 음식을 하는 주부나 밀가루를 사용하는 요리사로 한정되어 있었다면, 새로운 고객 확장을 도와주는 역할이 브랜드 재활성화다. 컬래버레이션을 통해 재탄생한 제품을 새로운 고객에게 선보임으로써 브랜드 표적대상을 확대할 수 있다. 브랜드의 재활성화는 실제로 비용이 많이 들고 오랜 시간 진행해야 함에도, 기업들이 컬래버레이션에 공을 들이는 이유는 새로운 영역에 쉽게 진입할 수 있고 상호보완을 통한 시너지 효과를 창출할 수 있기 때문이다.

브랜드 정체성 정립 :
이케아 _____

컬래버레이션 마케팅에 적합한 브랜드와 식품 브랜드의 협업이 본격화되고 있다. 특히 곰표처럼 오랜 역사를 지녀 대중에 친근한 말표 구두약, 서울우유, 모나미 유성펜, 제비표 페인트 등 다양한 상품이 출시됐다. 구두약 패키지를 한 초콜릿, 유성펜과 똑같은 포장의 음료, 서울우유 초기 용기를 본 뜬 바디워시, 제비표 페인트의 색상을 활용한 레몬·애플그린·복숭아 에이드 등이 다양하게 출시됐다.

언뜻 재미있는 이색 상품으로 보이는 이 제품들은 사실 위험한 요소를 품고 있다. 구두약 포장의 초콜릿을 먼저 접한 어린아이가 실제 구두약을 초콜릿으로 착각할 수 있다. 또 서울우유 패키지를 한 바디워시는 대형마트 식품 코너에 우유와 함께 진열되는 바람에 어르신들이 오인했다는 후기도 들려왔다. 보건복지위원회는 식품 등의 표기·광고에 관한 법률(식품표시광고법) 개정안을 의결하였고, 식품이 아닌 물품의 외형을 모방한 식품을 금지하는 내용의 법률 개정안이 국회 본회의를 통과했다. 이에 따라 2023년 1월부터 섭취 불가능한 생활화학제품과 혼동할 수 있는 식품 광고는 제한된다. 이색적인 컬래버레이션 상품이 고객과 시장의

이케아의 조립식 초콜릿

관심이 아닌, 법률 개정까지 초래한 것은 분명히 잘못된 길을 간 것이다. 재미와 이슈성만 있는 컬래버레이션이 아닌, 브랜드 정체성에 기반한 상품 및 마케팅 개발 방법은 없을까?

● 경험적 브랜드 신념을 강조한 이케아

이케아(IKEA)는 색다른 재미를 주는 초콜릿을 출시했다. 부활절 기념 토끼 모양, 크리스마스 기념 순록 모양의 초콜릿은 이렇게 글로 보면 새롭지 않지만, 이 초콜릿은 마치 종이 인형처럼 뿔과 귀, 머리와 몸통, 다리 등 세 부분으로 구성되어 있어, 직접 조립하면 토끼와 순록 모양이 된다. 이것이 재미난 이유는 이케아는 가구를 직접 조립해서 만드는 가구 전문점이기 때문이다. 이케아에서 사먹는 초콜릿은 가구처럼 조립을 해서 먹는다는 즐거움과 브랜드 정체성을 드러낸다.

어떤 브랜드든 그 브랜드가 지니고 있는 아이덴티티 즉 브랜드 성격을 정의하고 그 성격을 투영할 수 있는 제품이 출시되어야 한다. 재미난 것, 이슈에만 초점을 맞춰서 마케팅할 경우, 목표를 잃고 선을 넘게 된다. 조립해서 만드는 이케아의 초콜릿은 마케터가 꼭 한 번 생각해봐야 할 사례다.

마케팅에 개념 탑재하기

코로나19 글로벌 팬데믹 위기 속에 사회와 환경을 생각하는 윤리적 소비 관념이 확산됐다. 기업에 ESG 즉 환경, 지속가능성, 투명한 지배구조 등 사회적 책임에 대한 중요성은 더욱 강조되고 있다. 실제로 소비자는 코로나19 이전처럼 상품 구매 시 가격과 품질로만 구매를 결정하지 않는다. 타인이나 사회, 환경에 미치는 영향을 고려하여 제품을 구매한다. 또한 환경보호에 도움이 되는 제품을 구매하는 일이 많아졌고, 스타벅스나 맥도날드와 같은 글로벌 체인점 등에서는 1회 용기를 줄이고 있다. 사회적 책임을 다하는 기업 제품을 이용하는 것이 분명히 영향을 주고 있다.

ESG[환경(Environment), 사회(Social), 지배구조(Governance)]는 기업 활동에 친환경, 사회적 책임 경영, 지배구조 개선 등 투명 경영을 고려해야 지속가능한 발전이 가능하다는 철학을 담고 있다. ESG는 개별 기업을 넘어 자본시장과 한 국가의 성패를 가를 키워드로 부상하고 있다. 이러한 변화로 사회와 환경에 대한 '윤리 소비'가 확산되고 있다. 이 이야기를 좀 더 고객에게 쉽게 전달하기 위해서 마케터는 무엇을 해야 할까? "환경을 생각하고, 지속가능한 ESG를 실천해야만 한다"라고 말한다고 내 브랜드, 기업 이미지가 좋아질까?

우선 고객이 어떻게 생각하는지 알아야 한다. 고객은 코로나19로 위기에 더욱 강해지는 동시에, 신념에 대한 확신이 강해지고 있다. 고객은 자신의 이야기가 될 수 있고, 자신이 더 개념 있는 사람으로 남들에게 보여지고 그렇게 드러나길 원한다. 자신의 신념을 드러낼 뿐만 아니라, 또한 위로받고 싶어한다. 고객은 자신의 고민과 현실을 어루만져주는 대상을 찾고 그 대상을 통해 위로받고자 하는 것이다.

신념의 소비, 미닝아웃 :
부산대 조은아구찜 _____

미닝아웃이란 '미닝'(meaning)과 '커밍아웃'(Coming Out)의 합성어다. 평소에 잘 드러내지 않던 자신만의 취향 또는 사회적 신념 등을 소비 행위를 통해 적극적으로 드러내는 것을 말한다. 즉 단순히 물건을 구입한다기보다 사회적 가치나 특별한 의미의 물건을 구매함으로써, 자신을 표현하고 신념을 표출하는 것이 바로 '미닝아웃'이다. 소비 패턴에 유행이 있듯이, 과거 소비자는 가격 대비 성능이 좋은 '가성비'를 많이 따졌다. 하지만 지금은 가성비를 넘어 그 안에 숨은 신념이 있어야 한다. 어렵게 접근할 필요가 없다. 고객은 '내가 1회용 빨대를 사용하지 않음으로써 그만큼 탄소배출량을 줄였다'는 식의 어려운 말을 원하는 것이 아니다. 하나의 사례로 미닝아웃에 대한 내용을 설명하려고 한다. 어느 한 대학교 학생 커뮤니티에 올라온 글이다.

● **가성비를 넘어 - 부산대 조은아구찜**

> **[사례] 부산대 조은아구찜**
> 이게 1인분인데 13,000원에 전이랑 샐러드 같이 옵니당 개 혜자임 ㄹㅇ
> 진짜 배달해주시는 분 항상 친절하시고 사장님 세심하시고 ㅠ
> 향신료 안 들어가서 향신료 못 먹는 사람한텐 최고ㅠ

푸짐한 '아구찜' 음식 사진 한 장이 첨부되어 있다. 해당 글은 곧 학생들 사이뿐 아니라 다수의 온라인 커뮤니티에 퍼졌다. 4인분 같은데 1인분이라는 엄청난 양 때문에 '거짓말이 아니냐'는 글로 확산되었다. 여기까지는 과거에 유행했던 '가성비' 좋은 맛집이다.

여기에 사장님의 글이 올라온다.

내 상품, 브랜드에 대한 자랑이 아닌, 그동안의 어려웠던 스토리와 그에 대한 감사함의 글이 올라왔다. 고객은 사장의 글만 보는 것이 아니다. 자신의 경험담을 또 인증하기 시작한다. "우울한 일에 혼술하기 위해 주

[사례] 부산대 조은아구찜

먼저 너무나도 많은 관심과 호응 속에 오늘도 10시가 안 되어 재료소진으로 마감되었습니다. 저에겐 한 주 동안 많은 변화가 있었습니다.

제 기준으로 밤새 새벽같이 일하며 큰돈을 벌었습니다.

그 돈으로 어릴 적부터 꿈이었던 장사를 시작했지만 보기 좋게 망했고 있는 돈을 다 날리고 6-7평도 안되는 작은 가게를 마지막으로 도전했습니다. 여전히 가게는 잘 안되었고요. 이전한 지 6개월 만에 그나마 남았던 보증금도 가게 유지를 위해 다 썼습니다. 그 흔한 연애도 9년 동안 포기하며 살고 있고, 여행도 단 한 번도 안 다니며 20대를 보내며 시간이 흘렀습니다.

저 원래 이번 달 마지막으로 폐업하려고 했습니다. 마지막 재산이었던 자동차 팔고 나니 1,200만 원이 조금 생기더라고요. 이 돈으로 가겟세, 밀린 재료비, 세금, 공과금 내니 차판 지 하루 만에 300만 원 돈이 남더라고요. 이게 불과 6일 전 상황이었고요. 그래서 이번 달 포장 용기만 소진하고 폐업 확정했습니다. 근데 어떤 너무나도 감사한 부산대 여학생 손님으로 인해 저에게는 많은 변화가 생겼습니다. 손님들한테 하루 200-300통의 주문 전화를 받았고 너무 죄송하지만 해드릴 수 없었습니다.

저희처럼 작은 가게에서 할 수 있는 한계가 있거든요. 원래는 영업시간도 24시간이었습니다. 그만큼 어떻게든 살아보려고 저 딴에는 발버둥 친 거였습니다. 주위 사람들한테 부끄러워서 차 파는 이유도 매일 저희 리뷰를 보며 걱정하며 응원해주는 시집간 저희 친누나도 제 통장사정과 폐업준비 그리고 자동차를 판 사실 모릅니다.

이 글을 보면 저희 누나는 울 거 같네요. 매일 누나랑 연락하지만 말도 못 했습니다. 사실 아구찜이란 음식은 마진이 굉장히 좋은 음식이에요. 대신 한식이나 피자 치킨처럼 주문 건수는 많이 나오는 음식이 아니기에 마진을 어느 정도 매겨야 하는 품목인데 저는 찜 음식치고 마진을 잡지 못해요. 제가 돈 버는 것도 버는 거지만 장사로 인해 많은 사람을 만나고 싶다는 게 목표였습니다.

모든 분들의 입맛은 다 잡지 못합니다. 그래도 많이 찾아주셔서 감사해요.

문합니다. 파전과 밑반찬 주지 마세요"라는 주문서에 "밑반찬, 전 대신 소주를 드립니다. 무슨 일이셨는지 너무 우울해하지 마시고 기분 좋아지길 바랍니다"라는 문자를 받았던 글을 올리기도 한다. 이러한 글과 인증 글을 소비하면서 다른 이들에게 이를 알린다. 소비자는 가성비가 좋은 음식을 먹는 게 아니라, 이러한 가게와 사장을 응원하기 위해 소비한다고 드러내는 것이다.

소비자는 미닝아웃으로 소비한다. 동네 작은 가게의 사례라고 지나치면 안 된다. 우연처럼 보이는 하나의 글은 결국, 고객 관점의 상품과 브랜드 개발에서 시작되었다. 진정성 있는 상품과 브랜드는 결국, SNS에서 생산되고 확산된다. 또한 고객의 미닝아웃에 맞는 스토리로 인증과 검증이 이루어지는 것이다. 우리 브랜드와 상품도 똑같은 과정이 되풀이되며, 고객 관점과 시각에서 이야기해야 한다. ESG, 가치소비나 윤리소비 같은 어려운 단어는 잠시 접어두고 그들의 스토리에 귀 기울이고 잘 생각하여 마케팅을 기획해야 하는 시점이다.

착한 가게 '돈쭐 내기' 문화 :
철인 7호 치킨 _____

코로나19 이후 가장 많이 들은 말이 '돈쭐' 내자라는 말이다. 돈과 혼쭐의 신조어로, 선행을 보인 가게의 매출을 늘려주는 행위를 일컫는다. 돈쭐 내줄 가게 목록을 온라인 커뮤니티 등에 공유하면서 '좋은 일을 한

가게에서 가서 돈을 많이 쓰자'고 권유하는 활동이 최근 SNS 유저 사이에서 유행하고 있다. 좋은 일을 한 가게의 물건을 팔아주는 '돈쭐' 내기를 통해 선행하는 가게가 늘어나도록 독려하려는 취지다. 고객은 단순히 상품만을 구입하는 것이 아니라 자신이 공감하는 가치를 구입하고 내가 '가치소비'를 하고 있음을 알리고 있다. '돈쭐내기'는 비도덕적 기업 제품을 불매하는 '보이콧'(boycott)과 반대로 자신이 지지하는 기업이나 가게의 상품을 적극적으로 구매하는 '바이콧'(buycott) 행동으로 미닝아웃의 한 형태로 확산되고 있는 것이다. 이제는 가게뿐만 아니라 기업의 제품으로 번져나가고 있다.

● 고객은 왕이 아닌 마케팅 인재다

돈이 없어서 치킨을 못 먹고 있던 형제에게 치킨을 제공한 철인 7호 치킨집 사연은 대표적인 '돈쭐'의 사례다. 감사의 마음을 전하고 싶었던 형은 1년이 지난 시점에 본사로 손편지를 보낸다. 철인 7호의 사례가 어떤 순서로 진행이 됐는지 마케팅 측면에서 정리해본다.

> **[사례] 철인 7호 홍대점**
> 안녕하세요.
> 저는 마포구 망원동에 살고 있는 18살 평범한 고등학생입니다.
> 이렇게 편지를 보내는 이유는 철인 7호 사장님께서 베풀어주신 잊지 못할 은혜와 사랑에 대해 감사함을 하고 싶은 마음에 다시 찾아뵙기도 하고 전화도 드렸지만 계속 거절하셔서….

무슨 방법이 있을까 고민했고 인터넷에 철인7호를 검색했습니다.

(중략)

작년부터 코로나 바이러스가 심해지면서 아르바이트하던 돈가스 집에서 잘리게 되고 지금까지도 이곳저곳 아르바이트 자리를 알아보고 있지만 미성년자인 제가 일할 수 있는 곳은 없었습니다.

어느 날 동생이 제게 집에 와서는 치킨이 먹고 싶다며 울며 떼를 써서 우는 동생을 달래주려 일단 바깥으로 데리고 나왔고 치킨집만 보이면 저기 가자 며 조르는 동생을 보니 너무 가슴이 아팠습니다.

집 근처 치킨집에 들어가 조금이라도 좋으니 5천 원에 먹을 수 있냐 하니 저 와 제 동생을 내쫓으셨습니다. 망원시장에서부터 다른 치킨집도 걸어서 들 어가 봤지만 다 먹지 못했습니다.

계속 걷다 우연히 철인 7호 수제치킨 전문집이라는 간판을 보게 되어 가게 앞에서 쭈뼛쭈뼛해하는 저희를 보고 사장님께서 들어오라고 말씀해 주셨습 니다. 딱 봐도 치킨 양이 너무 많아 보여 사장님께 잘못 주신 것 같다고 말씀 드리니 치킨 식으면 맛없다며 콜라 두 병을 가져오시더니 얼른 먹으라고 하 셨습니다.

(중략)

사장님께선 활짝 웃으시면서 맛있게 먹었어? 라고 물어보셨고 이것저것 여 쭤보시길래 잠깐 같이 앉아 대화를 나누게 되었습니다.

치킨값은 영수증을 뽑아둘 테니 나중에 와서 계산하라고 하시며 사탕 하나 씩을 주시고는 그래도 5천 원이라도 내려는 저를 거절하시더니 저희 형제 를 내쫓듯이 내보내시더군요.

너무 죄송해서 다음 날도 찾아뵙고 계산하려 했지만 오히려 큰 소리를 내시 며 돈을 받지 않으셨습니다….

얼마 만에 느껴 보는 따스함이었는지 1년 가까이 지난 지금도 생생히 기억 이 납니다.

그 이후에 동생이 언제 사장님께 명함을 받았는지 모르겠지만 저 몰래 사장님께 찾아가 치킨을 먹으러 갔다고 자랑을 하길래 그러지 말라고 동생을 혼냈습니다. 그때도 사장님이 치킨을 내어주셨던 것 같습니다….

어느 날은 덥수룩했던 동생 머리가 깨끗해져서 돌아온 걸 보고 복지사님 다녀갔냐 물어보니까 알고 보니 치킨을 먹으러 간 동생을 보고 사장님께서 근처 미용실에 데려가 머리까지 깎여서 집에 돌려보내신 것이었습니다.

그 뒤로는 죄송하기도 하고 솔직히 쪽팔리기도 해서 찾아뵙지 못하고 있습니다.

뉴스 보니 요즘 가게 자영업자들이 제일 힘들다 여러 가지 말들이 많이 들려 철인 7호 사장님은 잘 계신지 궁금하기도 하고 걱정도 됩니다.

하고 싶은 말이 많았는데 막상 볼펜을 잡으니 말이 앞뒤가 하나도 안 맞는 것 같고 이런 글도 처음 써 봐서 이상한 것 같아요. 이해 부탁드릴게요. 다만 제가 느낀 감사한 감정이 이 편지에 잘 표현되어 전달되었으면 좋겠어요.

마지막으로 처음 보는 저희 형제에게 따뜻한 치킨과 관심을 주신 사장님께 진짜 진심으로 감사하단 말씀드리고 싶습니다.

저도 앞으로 성인이 되고 꼭 돈 많이 벌어서 저처럼 어려운 사람을 도와주면서 살 수 있는 철인 7호 홍대점 사장님 같은 멋있는 사람이 되겠습니다.

진심으로 감사하고 또 감사드립니다.

고객 응대와 리스크 관리만을 위한 고객센터 운영은 이제 옛말이다. 손님이 왕인 시대에서 마케팅 인재로 변모하는 시대다. 고객 소리 하나하나에 귀를 기울이고 그 안에서 마케팅 포인트를 찾아야 한다. 이 손편지를 작성한 고등학생을 우리 마케팅팀으로 모셔오고 싶을 정도로 마케팅의 귀재라는 생각이 들었다. 자신의 사례와 진정성 그리고 그에 대한 고마움을 표현하는 요소까지 굉장히 진정성 있는 글이다. 고객은 더 이상 상품만을 소비하는 존재가 아닌, 상품에 새로운 콘텐츠를 생산해주고 확산해주는 존재라는 것을 다시 한번 확인할 수 있었다.

● 소통할 수 있는 채널이 중요하다

고객의 소리를 통해 좋은 콘텐츠를 발견했다면, 이 콘텐츠를 어떻게 활용해야 할까? 고객에게 알리는 것이 아닌, 공감을 유발시킬 수 있는 채널로 소통해야 한다. 소비자의 욕구는 무시한 채 광고와 언론보도를 통해 마케팅 활동을 펼치는 푸쉬(Push) 채널이 아닌, 고객이 공감하고 소통할 수 있는 채널로 알려야 한다. 실제 이 사연은 철인 7호의 공식 홈페이지, 페이스북, 블로그와 같은 페이지에 노출되지 않았다. 또한 관련 보도자료를 통해 알리지도 않았다. 철인 7호 대표의 개인 SNS에 노출된 것이다. 회사의 공식 개정이 아닌, 개인 SNS를 통해 철인 7호의 고객 대상이 아닌, SNS 유저에게 자연스럽게 확산될 수 있도록 한 것이다.

● '미닝아웃' 할 수 있는 여지를 남겨라

철인 7호는 홍대 가맹점에 대한 직접적인 위치와 정보를 주지 않았다.

콘텐츠 자체로만 사연을 소개했을 뿐, 철인 7호의 브랜드 홍보는 진행하지 않았다. 그리고 가맹점 모집이 중요한 프랜차이즈 회사에서 상업적 홍보도 진행하지 않았다. 고객 스스로 '미닝아웃' 할 시간과 가게 정보를 찾아서 노출할 시간을 준 것이다.

또한 철인 7호 사장님의 사연이 자연스럽게 소개되게 했다. 코로나19가 오면서 가게가 어려워져 문을 닫으려고 했던 사연, 가게만 열어놓고 배달 알바를 한 사연, 공사장 알바를 한 사연 등을 고객이 알아내고 확산했다. 철인 7호가 앞서서 홍대 가맹점을 포상하고, 홍보하는 것이 아닌 고객에게 '미닝아웃'할 수 있는 시간을 줬고, 우리가 아는 것처럼 철인 7호 홍대점은 '돈쭐'이 났다. 그리고 지상파 및 인터넷 뉴스에 기사가 도배되고, MBC '놀면 뭐 하니' 등 여러 매체에서 인터뷰와 사연이 소개되었다. 더 개념 있는 사람으로 보이고 싶은 욕구는 한편 위로가 절실한 현 시대를 반영한다.

코로나19로 소통 단절과 외로움이 커지고 있다. 개개인의 우울감이 커지는 코로나블루 현상도 점점 늘어나고 있다. 코로나, 취업, 경쟁 등 각박한 현실에 지친 젊은 청년들이 하나의 위로를 찾는 행위로 해석할 수 있겠다.

위로가 필요한 시기 :
멋진 시니어 욜드 세대 _____

어떤 위로가 필요할까? 욜드(Yold) 세대를 살펴보자. 멋진 시니어 욜드 세대는 과거의 감성을 통해 마음에 위안을 취한다. 욜드는 'Young Old'의 줄임말로 65-75세의 사람들을 일컫는 일본식 영어다. 즉 욜드 세대란 젊게 나이 들기를 바라는 세대로 젊게 살고 싶은 세대를 일컫는 신조어다. '욜드 세대'라는 말은 영국에서 발행되는 주간지 '이코미스트' 특집호 '2020년의 세계 경제 대전망'에서 주된 트렌드를 이끌 세대'라는 기사를 시작으로 전 세계 매스컴에 자주 등장했다. 또한 '그래니 시크'(Grany chic; 세련된 할머니) 또는 '그랜드밀레니얼'(Grandmillnial)이란 용어가 사용되면서 패션, 음식, 인테리어 영역에서 옛날 할머니 스타일을 세련되게 재해석하는 바람이 세계적으로 불고 있다. 얼마 전까지 윗세대를 '꼰대'라고 표현하는 기조가 강했지만, 지금의 시니어층에 대한 호감은 꼰대 문화의 반작용으로 지친 우리에게 위로의 대상이 되고 있는 것이다. 그러면 어떻게 소통을 해야 할까? 어떤 메시지를 전달해야 할까? 어떠한 특정 메시지보다는 80년대의 팝송과 70년대의 패션을 즐기는 이들에게 시니어의 연륜과 감각을 있는 그대로 보여주는 것이 좋다. 가르치려고 하지 말고, 굳이 메시지를 남기려고 하지 않는 것이 중요하다.

● 도전 자체가 메시지
유튜버 시니어 스타라고 할 수 있는 박말례 할머니와 세련된 패션의 유튜버 밀리논나, 예능 프로그램과 세계 영화제 수상 때 던진 말 한마디 한마디 위로를 주는 영화배우 윤여정. 이들의 공통점은 무엇일까? 바로 꾸준히 도전을 한다는 점이다. 새로 시작하는 것에 두려움을 갖는 우리에게 이들은 계속 움직이는 것만으로 위로가 되고 용기가 된다. 다른 이들에게 '라떼(나 때)는 말이야'가 아닌, '나는 계속 도전하고 있어'라는 것을 보여준다. 마케터는 시니어 모델을 활용하는 데 그치는 것이 아니라 그들의 도전을 우리 브랜드에 그대로 투영하는 것이 중요하다.

● 주인 없는 세탁물로 믹스 앤 매치하는 노년의 인플루언서

대만 중부 타이중시 호우리 지구에서 70년간 세탁소를 운영하던 노년 부부의 인생이 하루 아침에 달라졌다. 손님이 찾아가지 않는 세탁물을 멋지게 차려입고 하나씩 올린 사진이 SNS에서 큰 인기를 끈 덕분이다. 무료한 일생을 보내는 것이 안타까웠던 손자의 권유로 시작한 인스타그램 채널은 1년 만에 팔로워 64만 명이 넘었다. 손님이 두고 간 세탁물을 찾아가길 바라는 마음에서 시작한 게시글에는 "Don't forget to pick up your laundry"라는 문구가 달려 있다.

● 각국의 멋쟁이 할머니, 할아버지에서 답을 찾다

인스타그램 @gramparents에 방문해보면 답이 보일 것이다. 뉴욕 브루클린 '앗숨'(Adsum)이라는 의류 브랜드의 매니저인 카일 키비야르비(Kyle kivijarvi)가 운영하는 이 패션 컬렉션 채널에는 각국의 멋쟁이 할아버지, 할머니의 일상 사진이 가득하다. 그동안 쌓인 어르신의 사진에서

'절제된 클래식'이라는 영감을 받는다고 한다. 또한 컬래버레이션 제품을 선보이기도 한다. 게시물을 보다 보면 우리에게 친숙한 윤여정 배우의 얼굴도 발견할 수 있다.

● 인테리어에 번진 할머니 무드

최근 패션과 인테리어에서 주목받는 키워드 '그래니 시크'는 화려한 꽃무늬나 시누아즈리(18세기 프랑스 상류사회에서 유행하던 중국풍) 패턴을 과감하고 모던하게 사용하는 흐름을 말한다. 하지만 이 유행은 단순히 할머니가 좋아할 만한 화려한 무늬만으로 완성되지 않는다. 화려한 배경을 바탕으로 모던한 가구를 잘 배치하여 옛것과 새것의 만남을 넘어선 '세련'된 조화를 이루는 것이 핵심이다.

● 희귀함에서 빛나는 가치, DIY(Do it yourself) 터프팅

터프팅(Tufting)은 다발을 의미하는 'Tuft'에서 온 말로, 천 위에 여러 가닥의 실을 수놓는 직조 기법이다. 형형색색의 실을 볼륨감 있게 수놓는 러그나 카펫 터피팅 공방이 최근 많아지고 있다. 고대부터 쓰이던 이 기법에 터피팅건이라는 새로운 장비가 개발되면서, 예술 분야에서는 몇 년 전부터 아트워크에 접목시키고 있다. 복슬복슬하고 포근한 질감뿐 아니라 만든 이의 감각에 따라 다양한 도안을 만들 수 있어서 MZ세대의 놀이로 자리 매김하고 있다.

마케터라면 아날로그 감성 즉 옛것에 대한 소비를 통한 새로운 접근을 제시할 수 있어야 한다. 멋진 시니어 세대를 레트로와 뉴트로 마케팅으로 이야기할 수도 있을 것이다. 한편 코로나19 이후 건강에 대한 관심은 더욱 커질 것이다. 또 육체적 건강만큼이나 정신적 건강에 대한 관심과 힐링 역시 더욱 중요해질 것이다. 이런 것들을 종합하여 접근하면 어떨까?

PART 5

이제는 꼰대를 벗어날 때,
B2B 마케팅

포스트 코로나 B2B 마케팅,
이끌거나 따르거나 떠나거나

기업과 소비자 그리고 디지털 마케팅에서 변화가 일어나면서 그만큼 그 속에서 B2B와 B2C 사이의 경계는 갈수록 모호해지고 있다. 전통적으로 B2B 비즈니스에서 '디지털 마케팅'의 고객은 최종 소비자가 아닌 기업이기에, 기업의 구매의사결정자는 SNS의 정보를 기반으로 구매의사결정을 내리지 않기 때문에 '디지털 마케팅'은 B2B 마케터에게는 거리가 멀었다. 그런데 B2B 디지털 마케팅을 검색해보면 B2B 비즈니스에서도 디지털 마케팅과 관련된 수많은 키워드가 등장한다. 그리고 2020년을 전후로 B2B에서도 SNS를 활용한 디지털 마케팅 방법과 사례, 컨설팅하는 기업들이 등장하고 있다.

여전히 많은 B2B 마케터는 현재 시점에서 디지털 마케팅을 어떻게, 왜 해야 하는지에 대한 답을 내리지 못하고 있다. 그 이유는 바로 '경계'의 모호함 때문이다. 이렇게 모호함의 시대에서는 무엇보다 자신만의 방향성이 중요하다. 방향성이 정립되어야 비로소 마케팅의 변화를 이끌 것인지, 트렌드에 따를 것인지, 아니면 이대로 유지할 것인지 판단할 수 있게 될 것이다.

이 파트를 통해 B2B 마케터들이 방향성을 정립하길 희망해본다.

스킨십하고 싶은데,
고객이 '선'을 긋다

코로나19는 사람들 사이에 벽을 만들었다. 이와 동시에 이율배반적으로 '경계'를 허물기도 했다. 소비자는 오프라인 매장 방문을 꺼리게 되었으며, 영업 사원은 고객사의 내방 금지 규정에 따라서 고객을 만날 수 없게 되었다. 이렇게 코로나19는 사람들 사이에 '벽'을 만들었다. 그런데 한편으로는 경계가 무너져 모호해진 부분도 분명히 존재한다. 마치 사랑과 우정의 경계가 어디서부터 어디까지냐인 것처럼, 코로나19로 인하여 B2B와 B2C 마케팅에서도 마케팅 '방식'의 경계가 모호해지기 시작했다. 아니, 그 모호함을 조금 더 가속화시켰다.

B2C 마케팅은 2010년 중후반을 기점으로 미디어 거점의 큰 변화가 있었다. TV, 신문, 라디오 등과 같이 과거부터 현재까지 사용되어온 레거시 미디어(Legacy media)에서 디지털 미디어로 대표되는 SNS, 유튜브로

대세 이동이 일어났다. 이와 함께 디지털에서는 소비자의 주된 콘텐츠 디바이스가 'PC'에서 '모바일'로 이동하였으며, 사진과 글 중심의 'SNS'에서 '동영상' 중심의 플랫폼으로 채널이 움직이고 있다.

즉 '힘의 균형'이 지속적으로 이동하면서 소비자와 기업은 계속 진화하고, 마케터는 어느 한쪽에 집중적으로 마케팅하기 어려워졌다. 디지털 마케팅과 인플루언서가 큰 트렌드로 자리 잡았지만, 여전히 대기업과 IPO를 앞둔 기업들이 시장에 큰 파급력을 만들려는 시도는 유명 연예인을 내세운 TV광고가 주축을 이룬다. 과거 SNS는 글과 사진, 유튜브는 동영상으로 갈무리되었지만 현재 페이스북과 인스타그램 모두 동영상을 촬영하고 공유할 수 있는 플랫폼이 되었다.

기업과 소비자 그리고 디지털 마케팅에서 변화가 일어나면서 그만큼 그 속에서 B2B와 B2C 사이의 경계는 갈수록 모호해지고 있다. 전통적으로 B2B와 B2C 비즈니스를 다룬 원론서들은 고객을 '기업'이냐 '개인'이냐로 명확하게 구분하고 있다. 그래서 B2C 마케팅은 미디어 중심으로 비즈니스를 형성해가는 반면, B2B 마케팅은 고객 관리와 비즈니스에서 기회를 만드는 역할로 구분되어 있었다. 이 때문에 B2B 비즈니스에서 '디지털 마케팅'의 고객은 최종 소비자가 아닌 기업이기에, 기업의 구매의사 결정권자는 SNS의 정보를 기반으로 구매의사결정을 내리지 않기 때문에 '디지털 마케팅'은 B2B 마케터에게는 거리가 멀었다.

그런데 B2B 디지털 마케팅을 검색해보면 B2B 비즈니스에서도 디지털 마케팅과 관련된 수많은 키워드가 등장한다. 그리고 2020년 전후로 B2B에서도 SNS를 활용한 디지털 마케팅 방법과 사례, 컨설팅하는 기업들이 등장하고 있다. 그래서 디지털 마케팅을 신경 쓰고 있지 않던 B2B 마케터 역시 '우리도 디지털 마케팅을 시작해야 하는 것 아니냐'와 같은 질문을 던지며 조금씩 시도해 나가고 있다.

그럼에도 불구하고 여전히 많은 B2B 마케터는 현재 시점에서 디지털 마케팅을 어떻게, 왜 해야 하는지에 대한 답을 내리지 못하고 있다. 그 이유는 바로 '경계'의 모호함 때문이다. 이렇게 모호함의 시대에서는 무엇보다 자신만의 방향성을 잡는 것이 중요하다. 방향성이 정립되어야 비로소 마케팅의 변화를 이끌 것인지, 트렌드에 따를 것인지 아니면 이대로 유지할 것인지 판단할 수 있게 될 것이다.

B2B 마케팅 존재의 이유 : 비즈니스 기회발굴 _____

남녀가 가까워지는 과정은 꽤 복잡하다. 처음 보는 남녀는 먼저 서로의 외양을 '눈'으로 본다. 그다음 '대화'를 이어가면서 서로의 내면에 대하여 알아간다. 그렇지만 두 남녀가 단순히 알고 지낸 기간이 길다거나 많은 대화를 나누었다고 둘의 관계를 '깊다'라고 하지 않는다. 왜냐하면 연애의 어떤 진척에서 빠트릴 수 없는 부분이 '스킨십'이기 때문이다. 예를 들어 상대와 손을 잡느냐 안 잡느냐의 차이는 '둘'의 관계를 정의하는 데 매우 중요한 기준이 된다.

기업 간 B2B 비즈니스의 시작은 사람 사이의 '연애' 과정과 비슷한 흐

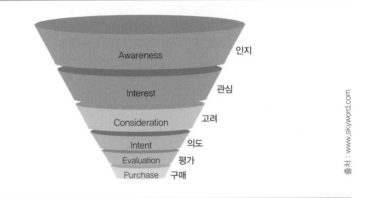

출처 : www.skyword.com

마케팅 퍼널 (Marketing Funnel)

름을 갖는다. 먼저 비즈니스를 하고자 하는 쪽이 상대 기업에 먼저 관심을 표현한다. 예를 들면 "저희는 이런 회사이며, 이런 제품과 서비스가 있으니 같이 한번 이야기 나눠볼까요?"라고 말이다. 그런 방법으로는 온라인상 '이메일 송부' '기업 사이트 방문하여 문의 사항 등록' 'Cold Call' 등의 방법이 있다. 그리고 오프라인에서는 '전시회 참가' '상품 데모·시연회' '기술 세미나' 등이 있다.

이렇게 기업 간 관계의 진척이 진행되는 과정에서, 상대방 기업에게 먼저 관심을 표현하는 조직이 바로 '마케팅'이다. 일반 연애에서 마음에 드는 이성에게 말을 건내고, 대화를 이어 나가는 단계가 가장 힘들다. 바로 이 역할을 B2B 비즈니스에서는 '마케팅' 영역이 실행하며 이를 '비즈니스 기회발굴'(Business Lead)이라고 한다.

사실 B2B 마케팅의 역할은 기업에 따라서 다양하다. 그리고 기업의 특성에 따라서 '영업' 조직이 '마케팅'의 업무를 대신하기도 하며, '마케팅'의 역할은 B2C의 그것과는 같으면서도 다르다. 즉 B2B 마케팅에서 '이쪽 방향으로 가는 것이 좀 더 좋아'라는 '해답'은 있을 수 있으나, '반드시 이렇게 해야 해'와 같이 모든 기업에 적용되는 '정답'을 정의하기는 어렵다.

그렇지만 누군가가 "B2B 마케팅의 역할을 크게 2가지만 말해보세요"라고 한다면 첫째는 '비즈니스 기회발굴'이며, 둘째는 '시장과 고객의 정보 분석과 인사이트 제공'이라고 할 수 있다. 비즈니스 기회발굴은 앞서 들었던 온·오프라인에서의 관심 끌기 사례처럼 우선 고객의 '인지'와 '관심'을 만들어내는 것이다.

처음에 고객으로부터 가능하면 많은 관심을 이끌어내는 것이 중요하다. 마치 깔때기의 입구에 가능한 많은 양의 쌀을 부어넣어야 좁은 끝부분에 통과하는 양이 많아지는 것과 같다. 이와 같은 맥락으로 고객이 제품을 '인지'부터 '구매'까지 점점 좁혀지는 과정을 '마케팅 퍼널'(Marketing Funnel)이라고 한다. 마케팅 퍼널에서는 특히 첫 단계 '인지'와 '관심'을 만들어내는 일이 매우 중요하다. 이것은 마치 '씨앗'을 뿌리는 일에 비견되기 때문이며, 마케팅에서 비즈니스의 씨앗을 '많이' 그리고 '잘' 뿌려야 퍼널의 '다음' 단계로 넘어가는 기업의 '수'가 커지고 '비율' 또한 높아지기 때문이다. 그리고 최종 수확물의 양과 질도 자연스레 높아진다.

'스킨십' 거절당한 B2B 마케터 :
중견기업 대표의 고민, 대기업 마케팅 부장의 목소리_____

코로나19 상황 속 B2B 마케팅 조직은 '비즈니스 기회발굴'을 만드는 데 많은 제약이 생겼다. 첫째는 고객과 '스킨십' 기회의 상실이다. 우리나라와 비슷한 비즈니스 구조를 가진 나라로 일본이 있다. 제조업과 IT분야의 여러 글로벌 기업이 존재하며, 기업의 조직문화 또한 전통적인 한국의 모습과도 비슷하기 때문에 기업 간 B2B 거래의 구조 또한 유사하다.

코로나 시작 후 일본의 마케팅 업체인 이보나(Innova)에서 약 2만 7천 개사를 대상으로 '코로나19에 따른 마케팅 활동 조사'를 실시한 결과 약 70% 이상의 기업이 마케팅 활동에 영향을 받고 있다고 답했다. 구체적인 이유로는 '세미나 및 전시회의 연기 혹은 취소' '사외 교류회 참석 불가' '신규 개척을 위한 방문 불가'가 있었다.

이렇게 코로나19에 큰 타격을 입은 이유는 바로 일본의 B2B 비즈니스가 '대면' 중심이기 때문이다. 국내에도 이와 유사한 사례가 다양하게 존재한다.

● 대기업과 거래하는 중견기업 대표

"고객을 만난 지 6개월이 넘었습니다."

제조업의 대기업 중 하나인 S사와 거래를 하는 중견기업 대표 K의 이야기다.

필자 : 코로나19 이후 고객과의 비즈니스에서 가장 큰 변화가 있다면 무엇인가요?

K대표 : 지난 몇 달간 고객을 만날 수가 없었습니다. 코로나19가 확산되고 나서 대부분 고객사에서는 마치 '셧다운'을 한 것 같은 느낌입니다. 혹시 고객사 내부의 누군가가 외부의 업체와 미팅을 하고 나서 (코로나19가) 회사 안으로 확산된다면, 그 파급력은 어마어마 하기 때문입니다.

필자 : 파급력이라면 구체적으로 어떤 상황일까요?

K대표 : 제조업의 특징은 사업장에 '공장'을 가지고 있습니다. 저처럼 IT 제조업을 하는 고객사의 공장은 24시간 돌아가며, 공장에 따라서 수천 명의 작업자가 일을 하기도 합니다. 그런데 만약 고객사의 담당자 중 한 명이 '감염병' 확산의 매개체가 되었다고 생각해보십시오. 그리고 이 때문에 24시간 돌아가는 공장이 잠시라도 문을 닫으면 그 손해가 얼마나 되는지 상상해보셨나요? 그리고 그 책임을 매개체가 된 사람만 질까요? 또 혹시 제가 감염병을 옮기는 당사자가 되었다면 제가 앞으로 그 고객사와 거래할 수 있을까요? 상상만 해도 무섭네요.

필자 : 평범한 미팅이라 할지라도 외부의 사람을 만나는 것이 극도로 조심스러운 이유를 알겠네요. 일반 기업에서도 마찬가지지만 공장이 있는 제조업 사업장에서는 그 파급력이 상상 이상으로 커질 수 있군요.

● **글로벌 대기업 D사(자동차 부품) 마케팅팀 부장**

"모든 전시회가 취소되어서 마케팅 커뮤니케이션에 확실히 제약이 있습니다." 해외 기업과 비즈니스를 하는 글로벌 대기업 D사의 마케팅팀 부장의 이야기다.

필자 : 코로나19 이후 고객과의 비즈니스에서 가장 큰 변화가 있다면 무엇
인가요?

D사 마케팅 부장 : 일단 모든 전시회를 참가할 수 없게 되었습니다. 원래는
중국, 미국, 유럽 등에서 자사의 마케팅 커뮤니케이션을 위하여 매년 수
차례 전시회를 개최했습니다. 그리고 또 저희 산업뿐 아니라 고객사 산
업의 전시회도 매년 참석해서 정보를 파악하기도 했고요. 그래서 전시
회 참가는 자사의 마케팅 커뮤니케이션과 시장 정보 파악에서 매우 중
요한데 이 길이 다 막혀버렸습니다.

필자 : 전시회의 중요성을 조금 더 자세히 말씀해주실 수 있을까요?

D사 마케팅 부장 : 저희 같이 글로벌 고객이 많은 기업에서 마케팅팀이 시
장정보를 파악하는 방법은 크게 3가지가 있습니다. 첫째는 시장 조사기
관을 활용하는 방법, 둘째는 고객사와의 미팅을 통해서 정보를 파악하
는 방법, 그리고 셋째가 바로 전시회 참가입니다.

전시회에서는 자사의 기술력을 다양한 고객에게 직접 보여주고 피드백
을 받을 수 있기 때문에 마케팅 커뮤니케이션 차원에서 매우 좋은 기회
입니다. 또 고객업체의 Top Tier들과의 콜라보를 통해서 전시하는 경
우, 업계를 리드한다는 이미지를 줄 수도 있습니다.

그리고 시장 조사기관을 통해서 얻은 정보를 검증하는 자리가 되기도 합
니다. B2B 비즈니스는 검색을 통해서 얻을 수 있는 정보가 거의 없기 때
문에 경쟁사와 고객사의 정보를 비싼 비용을 지불하고 시장 조사기관을

통해서 정보를 획득합니다.

최종 의사결정을 하기 위해서는 이런 정보에 대한 검증이 필요한데, 전시회를 통해서 경쟁사와 고객사의 동향을 파악함으로써 정보를 확인하기 때문입니다. 그리고 확실히 오프라인에서 고객이든 경쟁사든 직접 대면으로 커뮤니케이션할 때 조사기관을 통해서 얻을 수 없는 정보들이 나옵니다. 그런데 저희 마케팅 팀에서 이런 정보를 얻을 수 없게 되었으니 매우 답답한 상황입니다.

필자 : 이렇게 중요한 부분을 차지하는 전시회가 막히니 마케팅에서는 확실히 큰 타격이네요.

D사 마케팅 부장 : 네, 확실히 그렇습니다. 상당히 답답해하고 있다가, 올해 (2021년) 6월에 코로나19가 조금 잠잠해져서 오프라인 전시회를 개최했습니다. 확실히 고객과 직접 오프라인에서 스킨십을 하고 안 하고 그 차이를 느낄 수 있었습니다. 시장의 정보를 파악하고 경쟁사 동향을 한 번에 볼 수 있어서 확실히 좋았습니다. B2B 기업에서 마케팅팀과 마케터는 기업 간 비즈니스를 시작하는 역할을 맡고 있습니다. 그런데 코로나19가 그 역할을 하지 못하게 차단해버린 것은 확실합니다. 축구선수가 다리를 잃은 것처럼, 역도선수가 팔을 잃은 것처럼, B2B마케터는 고객과 스킨십할 수 있는 소통 채널을 잃었습니다.

비대면 상황에서의 비즈니스 솔루션 :
디지털 마케팅 _____

연애에서 가장 어려운 것은 첫 만남과 호감 획득이다. 연애나 결혼을 잘 하지 못하고 있는 친구들은 공통적으로 이렇게 말한다. "도대체 어디를 가야 이성을 만날 수 있어?" "한 번 봐서는 상대가 나랑 잘 맞는지 모르겠더라." "한 번에 확 끌리지 않으니까 또 다시 안 만나게 되더라고." 모두 한 번쯤 들어보거나 겪어봤을 만한 상황이다.

연애 상대를 만나기도 어렵고, 만난다 하더라도 만난 상대가 확 끌리지 않으면 더 관계의 진척을 만들어내기 어렵다. 그래서 앞의 상황은 지금 B2B 기업에서 마케터의 상황과 유사하다.

B2B 마케팅에서 '첫' 만남을 만들어야 하는 마케팅은 코로나19로 상대 기업과의 스킨십의 장벽 때문에 데이트 상대를 찾기가 어려워졌다. 운좋게 비즈니스를 하고 싶은 기업을 발굴한다 하여도 오프라인이 아닌 '온라인'에서 화상으로 미팅을 진행하거나 컨퍼런스 콜을 통한 목소리로만 상대방을 만나야 하기 때문에 확 끌리는 인상을 심어주기도 어렵다. 그런데 이렇게 고객을 만날 수 없는 비대면 상황에서의 비즈니스 솔루션은 꽤 오래 전부터 나와 있었다. 이제는 단어조차 조금은 식상해진 '디지털 마케팅'이다. B2C 비즈니스에서는 너무 익숙해진 단어이지만, 사실 B2B 비즈니스에서 '디지털 마케팅'에 대한 선호도와 필요도는 산업과 기업 간 비즈니스 특성에 따라서 조금 달라진다.

우선 간략한 정의와 주로 B2C 비즈니스에서 어떻게 실행되는지 먼저 한번 살펴보자. 디지털 마케팅의 정의를 살펴보면 모바일, PC, SNS, 블로그, 유튜브, 이메일 등의 디지털 채널 등을 통하여 소비자에게 자사의 상품과 서비스를 알리고, 구매를 유도하는 것을 주 목적으로 한다. 그리고 기업에 따라서 고객 관리 및 관계 강화, 브랜드 경험 강화 등의 목적도 병행된다. 이때 공급되는 콘텐츠는 직접적으로는 광고의 형태이기도 하며 조금 더 부드럽게는 드라마, 숏 콘텐츠 등과 결합된 브랜디드 콘텐츠의 형태로도 나타난다.

그리고 소비자가 구매과정에서 매우 중요한 역할을 차지하고 있는 '검색'에 노출되기 위하여 '검색엔진 최적화'(SEO; Search Engine Optimization)를 진행하기도 한다. 또 온라인 채널에서 활발하게 영향력을 형성하고 있는 인플루언서를 활용하여 온라인상에서 마케팅 효과를 극대화하기도 한다.

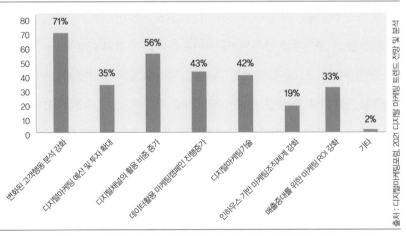

코로나 이후 디지털 마케팅 전략 및 추진 활동의 가장 큰 변화는 무엇이라고 생각하십니까?

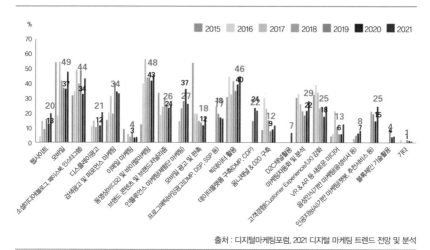

출처 : 디지털마케팅포럼, 2021 디지털 마케팅 트렌드 전망 및 분석

2021년에 투자를 확대할 디지털 마케팅 분야는 무엇입니까?

'디지털마케팅포럼'에서 2021년 실시한 설문조사에서 "코로나19 이후 디지털 마케팅 전략 및 추진 활동의 가장 큰 변화는 무엇입니까?"라는 질문에 가장 큰 비중의 응답은 71%로 '변화된 고객행동 분석 강화'이며, 두 번째는 56%로 '디지털 채널의 활용 비중 증가'였다. 즉 디지털 채널 활용을 통한 고객행동 분석이 매우 중요하다는 의견이 다수다.

두 번째 "2021년에 투자를 확대할 디지털 마케팅 분야는 무엇입니까?"라는 질문에 모바일(49%) 〉 영상 및 바이럴(48%) 〉 빅데이터 활용(46%) 〉 소셜미디어(44%) 순으로 모바일과 영상에 투자하겠다는 응답이 가장 높았다. 즉 PC보다는 모바일 비중이 점차 높아짐을 알 수 있다. 이 이면에는 소비자가 모바일을 사용하는 시간이 이미 PC에 머무는 시간을 초과하였으며, 소비자의 구매행동이 모바일 속에서 흔적으로 남아 고객 데이터를 수집하기에도 용이하기 때문이다.

설문조사에 따른 B2C 비즈니스 기업에서 디지털 마케팅의 키워드를 요약해보면 첫째 '모바일', 둘째 '영상 콘텐츠', 셋째 '디지털 채널활용', 넷째 '고객행동 분석', 다섯째 '빅데이터 활용' 등이 있다.

그런데 과연 B2B 기업의 마케터는 이렇게 5가지의 디지털 마케팅 키워드를 얼마나 효과적으로 활용할 수 있을까? 그리고 지난 수년간 디지털 마케팅에 얼마나 깊고 넓은 경험을 가지고 있을까? 모든 B2B 기업을 획일화하여 대답할 수는 없지만, B2C와 똑같은 방식으로 디지털 마케팅을 실행할 수 있는 B2B 기업은 많지 않을 것이다.

● B2B 디지털 마케팅에 정답이 있을까?

몇 년 전 한 글로벌IT 솔루션 기업에서 개최하는 B2B 디지털마케팅 세미나에 참석한 적이 있다. B2B 디지털 마케팅은 정보를 얻기도 힘들며, 산업마다 특색이 다르기 때문에 IT솔루션 분야에서 어떤 디지털 마케팅 사례가 있는지 궁금했기 때문이다. 그리고 2010년대 후반인 이때에는 B2C에서도 이제 막 디지털 마케팅이 활성화되는 시점이었기 때문에, B2B에서의 디지털 마케팅은 어떻게 해야 할까?에 대하여 매우 궁금해하던 차였다.

그때 미국을 중심으로 글로벌 시장에서 20년간 마케팅을 했다는 연사의 핵심내용 중 하나는 이러했다. "비즈니스 SNS인 Linkedin(링크드인)을 통해서 상당수의(60% 이상) B2B 비즈니스가 이루어지고 있기 때문에 기업들은 반드시 SNS를 디지털 마케팅 도구로 활용해야 한다"였다.

그런데 국내와 해외 제조업(자동차, 배터리, 디스플레이 등)에서 B2B 마케팅을 했던 사람의 입장에서는 공감되지 않는 부분이 있었다. 이 분야에서는 SNS로 B2B 마케팅을 한다는 것이 효과가 크지 않다고 생각했으며, 필요가 없다고 느껴졌기 때문이다. 왜냐하면 규모가 있는 제조업 분야에서 B2B 기업들은 이미 서로를 꽤 잘 알고 있다. 예를 들어 현대자동차와 거래를 하는 B2B기업, 삼성전자에 부품과 서비스를 공급하는 B2B기업의 상당수는 이미 이들과 오랫동안 거래를 해왔다. 즉 고객과 구매기업 모두가 서로에 대해서 알고 있으며, 공급자와 구매자 모두 시장에서 숫자가 많지 않다. 이와 연결하여 거래의 규모도 수십-수천억 단위까지 매우 큰 경우도 상당수 존재한다.

즉 이렇게 시장에서 구매자와 공급자가 한정되어 있는 그리고 거래의 규모가 큰 B2B 시장에서는 불특정 다수의 사람, 기업들에게 SNS를 통한 메시징과 네트워킹 방식은 효용성이 떨어진다는 생각이 들었다. 그리고 해본 적이 없었기 때문에 이런 의문이 세미나를 듣는 동안 계속 들었다. 그래서 이 궁금증을 해결하기 위해 세미나가 끝난 뒤 연사와 둘만 남게 되었을 때 개인적으로 질문을 했다. 그리고 한 20여 분간 서서 대화를 나누었는데 내용을 요약하면 다음과 같다.

필자 : 연사님, 저는 제조업의 위와 같은 산업에서 마케팅을 했는데, 말씀하신 SNS를 활용한 디지털 마케팅이 필요할까요?

연사 : 네, 하셔야죠. 제가 세미나에서 발표한 내용들을 기억해보시면, 이미 많은 글로벌 기업이 마케팅 도구로 SNS를 활용하고 있습니다.

필자 : 그런데 제가 있는 산업은 고객의 수도 한정되어 있고, 크게 필요성을

잘 못 느껴서 어떻게 활용해야 할지 잘 떠오르지가 않더라고요.

연사 : 네, 하셔야 합니다. 세미나에서 말씀드렸던 것처럼 미국에서는 네트워킹이 SNS를 통해서 일어나고 있고 비즈니스도 일어나고 있습니다.

필자 : 음… 그 말씀은 이해를 했는데요. 고객이 한정되어 있는데 SNS를 통해서 새로운 고객을 만나거나 네트워킹을 할 필요가 없는 상황이고요. 그리고 기술 중심의 제조업이다 보니 차별화되는 핵심 기술 정보나 기술 로드맵 같은 것들을 SNS에 올리면, 경쟁사에 정보가 유출되기도 해서 SNS를 활용한 B2B 마케팅을 반드시 해야 하는지 잘 모르겠어서요.

연사 : 네, 하셔야죠. 글로벌 담당자와 네트워킹하기 위해서는 SNS를 활용해야 합니다. 글로벌 기업도 제2의 홈페이지를 SNS 상에서 만들고 이를 통해서 비즈니스가 일어나고 있습니다.

필자 : 제가 있는 산업에서는 한정된 고객과 정해진 산업인데 어떻게 활용해야 할지와 성공사례들이 있을까요?

(계속 SNS를 활용한 디지털 마케팅을 해야 한다는 비슷한 대답만 반복되었으며, 결국 약간은 격앙된 목소리로 마지막 이렇게 한마디를 남기고 그 연사는 자리를 피했다.)

연사 : 아니, 그럼 디지털 마케팅 안 하실 거예요?

사실 내가 기대했던 대답은 이런 말이었다. "B2B 마케팅의 실행 방식은 산업마다 다릅니다. 제가 모르는 B2B 산업의 마케팅도 있으니 같이 한번 고민해보실까요?" 또는 "문의하신 분이 있는 산업은 제가 있는 비즈니스와 고객구매 여정이 다를 수 있으니 조금 다르게 디지털 마케팅을 접근해야겠네요"와 같이 B2B 마케팅의 '다름'과 '다양성'을 이해하고 '정답'보다는 '해답'을 찾을 수 있길 기대했다.

이 연사에 대하여 정보를 찾아보니, 미국에서 디지털 마케팅 에이전시의 임원이었다. 그리고 연사가 임원으로 있는 이 기업은 스타트업이나 비교적 규모가 작은 기업들의 마케팅 전반에 관한 업무를 컨설팅하고 실행해주는 비즈니스를 하고 있었다. 즉, 주요 고객은 이제 막 시작하는 스타트업이나 규모가 작은 기업이었으며, B2B와 B2C 마케팅 영역은 따로 구분되어 있지 않았다. 연사가 속한 기업의 비즈니스를 이해하고 나니, 이 연사에게는 B2B 마케팅이 B2C 마케팅과 크게 다르지 않게 느끼겠구나를 이해할 수 있었다. 왜냐하면 B2B 비즈니스이지만 스타트업과 같이 규모가 작고 다수의 고객을 발굴해야 하는 기업의 마케팅 핵심은, 일단 자사의 제품과 서비스를 불특정 다수의 고객에게 알리면서 비즈니스 기회를 최대한 만드는 것이기 때문이다.

영업 vs 마케팅, B2B vs B2C_____

B2B 비즈니스는 고객의 수, 산업의 특성, 거래 규모, 고객의 특성 등에 따라서 마케팅 조직의 역할과 비중이 달라진다. 먼저 '마케팅'이라는 조직이 존재하지 않거나 힘이 약한 경우다. 상대적으로 '영업'이 모든 비즈니스를 주도한다. 이런 경우는 앞에서 이야기한 기업 간 소수의 고객과 오랫동안 장기거래를 해온 경우가 다수다. 여기서 마케팅 조직이 없다고

해서 '마케팅'이라는 역할을 전혀 하지 않는 것은 아니며, '영업' 조직이 마케팅의 역할을 담당한다. 도입부에서 이야기하였던 '마케팅의 역할'에서 '비즈니스 기회발굴'과 '시장 정보 조사와 분석'이 모두 '영업'이 고객을 직접 만나면서 실행되기 때문이다.

반면에 B2B 비즈니스임에도 '마케팅'의 역할과 비중이 중요해지는 경우는 시장에 막 진입한 스타트업이거나 새롭게 시장을 확장해야 하는 경우다. 이때는 자사의 제품과 서비스 그리고 자원을 전략적인 메시지로 기업고객에 알리고 설득하는 것이 중요하다. 하나하나 고객을 만나서 눈 앞의 매출을 만드는 '영업'보다는 중장기적으로 시장을 분석하고 통일된 메시지를 만들 수 있는 '마케팅'이 그 역할을 해야 하기 때문에 중요도가 높아진다.

교과서에서 정의하는 B2C와 B2B 비즈니스는 다르다. 그런데 B2B 비즈니스는 B2C와 단순히 다르다고 한마디로 정의하기가 어렵다. 왜냐하면 Business to Business에서 공급자의 비즈니스와 구매자의 비즈니스가 너무 다양하기 때문이다. 그래서 가장 적합한 마케팅의 방법도 시대와 상황에 따라서 달라진다.

포스트 코로나 시대에 수없이 많은 기업의 마케팅 방식이 디지털로 가속화되었다. 어차피 일어날 일이 코로나19를 통해서 당겨졌다는 의미다. 포스트 코로나를 생각해야 하는 시점에서 내가 있는 B2B 비즈니스에서의 마케팅을 어떻게 해야 할 것인가 선택할 순간이 왔다. 어떤 기업은 이미 디지털화를 포함한 새로운 시도를 하고 있을 테고, 또 어떤 기업은 이전과 크게 다르지 않은 모습일 수도 있다.

단순히 남들이 한다고 해서 '디지털 마케팅'이라는 것을 따를 것인지 또는 내가 속한 산업에 알맞은 포스트 코로나 시대의 마케팅이 무엇인지 결정해야 하는 시점이 왔다. 강한 바람이 불어닥치고 곧 잠잠해질 것이다. 바람에 부러지지 않게 유연한 마케팅을 할 것인지, 바람이 지나가길 기다리면서 지금까지와 같은 마케팅을 곧게 유지하면서 조금씩 부러지지 않게 변화할 것인지를 결정해야 한다.

기업 간 사이버 연애,
과연 가능할까?

이제는 기업 간 연애도 효율성과 효과성 :
넷플릭스, 틴더 _____

    대학교 때 가장 남는 기억 하나를 떠올리자면 10 대 10 미팅이다. 그때 필자는 공대의 과대표였기 때문에 여성의 비율이 높은 인문대의 한 과와 소개팅을 추진하는 매우 중대한 역할을 맡았다. 과팅 상대를 고르는 과정은 매우 신중하고 치밀하다. 우선 교내의 소문을 파악하여 인기가 좋은 학과부터 리스트 업을 한다. 그리고 모든 인맥을 동원하여 상대과 대표를 만나 미팅을 성사시켜야 한다. 이때 과대인 나는 우리 과의 장점을 최대한 어필하고, 다른 학과와의 차별화를 내세워야 한다. 그리고 상대

과대표의 수락을 한없이 기다리면서 과친구들과 마음을 졸이는 과정을 겪는다.

그러다 드디어 미팅이 시작된다. 그런데 미팅에서 여자친구를 얻기까지는 쉽지 않다. 왜냐하면 미팅에서 마음 드는 상대를 찾기 어렵고 또 찾는다 하더라도 상대방에게 선택받는 것은 더욱더 어렵다. 많은 경쟁자가 한자리에 있으며, 짧은 순간에 경쟁자인 동기보다 매력을 더 어필할 만큼 숫기가 없기 때문이다. 그래서 여자친구를 만드는 꿈은 하루 만에 사라지고 '낯선 이성과 대화해본 게 어디야'라고 위안하며 그렇게 미팅은 마무리된다.

이렇게 전통적 미팅은 이성을 만나는 데 매우 비효율적이며 효과적이지도 않다. 긴 시간과 노력을 투자해서 겨우 이성을 한 번 만날 뿐이다. 심지어 몇 마디 해보지도 못하고 미팅이 끝나는 경우도 허다하다. 특히 남중, 남고, 공대의 코스를 밟는다면 이성을 만나는 것이 구조적으로 참 쉽지 않다.

이제는 연애에도 효율성을 극대화하는 방향으로 변화가 일어나고 있다. 바로 '데이팅 앱'의 등장과 시장의 성장이다. 앱애니(App Annie)의 'The State of Mobile 2021'에 따르면 글로벌 데이팅 앱 시장은 2020년 약 30억 달러(3조 5천억 원)로 전년 대비 약 15% 성장했으며, 다운로드는 5억 6천만 회다. 이는 지난 10년간 넷플릭스를 제외한 소비자 지출이 가장 큰 앱이 바로 미국에서 출시한 글로벌 데이팅 앱인 '틴더'라는 사실이 놀랍지 않음을 말해준다. 그리고 국내 소비자는 데이팅 앱에 약 830억 원을 지출하였다. 특히 코로나에 따른 비대면 상황에서 이성을 오프라인에서 만나기 어려워짐에 따라 더욱더 데이팅 앱 시장은 전성기를 향해 달리고 있다.

데이팅 앱은 여러 가지 장점을 지니고 있다. 첫째, 효율적이다. 효율성은 인풋 대비 아웃풋의 비율을 따지면 되는데 우선 시간과 비용 인풋이 작다. 이성을 만나기까지 앱을 설치하는 초기 시간, 가끔 여유가 있을 때 앱을 확인하고 관심을 표현하거나 쪽지를 보내는 정도면 된다. 그리고 비용적인 측면에서는 때로는 무료이거나 월 몇 만 원 정도의 비용만 투자하면 된다. 소개팅 준비 시간 및 비용과 비교하면 시간과 비용 측면에서 매우 우위에 있다.

둘째, 부담이 없다. 미팅 또는 소개팅을 하려면 주선자가 필요하고, 약속 장소를 잡아야 하며, 또 상대 그리고 주선자와 만날 시간을 조율해야 한다. 직장인이라면 이런 과정이 스트레스다. 그런데 데이팅 앱은 주선자가 필요 없다. 그래서 상대를 만나는 과정에서 심리적인 부담감이 줄어든다. 그리고 한쪽이 마음에 들지 않는다면 그 즉시 관계를 끝낼 수 있다. 쪽지 또는 톡 등으로 대화를 하다가도 마음에 들지 않는 상대와는 오프라인에서 만남을 갖지 않아도 되기 때문에 첫 컨택에서 상대적으로 부담감이 줄어든다.

셋째, 익숙하다. 데이팅 앱의 주 수요층은 20-30대이며 이들은 온라인상에서 누군가를 만나서 소통하는 것에 익숙한 세대다. SNS 속의 세상에서 나 자신을 드러내는 데 익숙하며, 그 속에서 만나지 않은 사람과의 소통에도 자유롭다. DM(Direct Message)을 주고받으며 친해지고 인친(인스타그램 친구)이나 페친(페이스북 친구)으로 통한다. 그리고 '팔로우'를 끊

는 것은 굳이 '절교 선언'을 하지 않아도 '너랑은 더 이상 친구가 아니야'
라는 메시지가 된다.

즉 가장 인간다워야 할 인간관계에서조차 '디지털 전환'은 '효율성'과
'효과성'을 따라 움직이고 있다. 그러면 효율성과 효과성을 항상 고민하
고 추구하는 '기업'은 B2B 거래에서 '디지털 전환' 그리고 '디지털 마케
팅'을 어떻게 받아들이고 있을까?

디지털 세상을 통해 만나는 B2B 기업 :
Case by Case, Yes or No_____

'디지털 마케팅'이라는 용어는 더 이상 새롭지 않다. 불과 5년 전만 하
더라도 SNS를 통한 마케팅을 해야 하는지 또는 유튜브 채널을 만들어야
하는지와 같은 것이 고민이고 이슈였지만 이제는 굳이 따질 필요가 없을
만큼 당연한 것이 되었다. 특히 소비자를 대상으로 하는 B2C 비즈니스를
하는 기업에게는 말이다. 그래서 B2B 기업에서도 "디지털 마케팅을 해야
해"라는 말은 꽤 오래전부터 나왔는데 과연 B2B 비즈니스를 하는 기업에
도 '데이팅 앱'과 같은 방식으로 비즈니스 그리고 마케팅이 이루어질 수
있을까? 이에 대한 답은 Case by Case 또는 Yes or No.

디지털화가 진행되기 전 B2B 비즈니스에서 마케팅의 역할 또는 비즈
니스 기회발굴 방식은 통상적으로 다음과 같은 방식으로 이루어진다. 첫
째, 잠재고객의 정보를 파악한다. 정보를 파악하기 위해서 인터넷 검색을

하거나 산업에 있는 관련자에게 문의한다. 그리고 고객 산업군에 협회와 같은 곳이 있다면 이곳을 통해서 기업의 홈페이지, 연락처 등을 파악할 수 있다. 그리고 해외의 경우에는 글로벌 컨설팅사 또는 해당 지역으로 무역을 하는 기업을 통해서 정보를 파악하기도 한다.

둘째, 모르는 상대에게 전화를 걸어 Cold Call을 실행한다. 즉 전혀 알지 못하는 잠재고객사의 대표번호로 전화해서 자사에 대해 설명하고, 담당자와 컨택을 시도한다. 또는 전화만으로 의사결정자와 연락이 닿기 힘들기 때문에 입수한 이메일, 잠재고객사 홈페이지를 통해서 자사 소개, 제품 설명 등을 보내거나 문의를 시도한다.

셋째, 고객 미팅 또는 제안으로 이루어진다. 앞의 3단계가 매우 간단해 보이지만 기업의 정보를 파악하는 것부터 쉽지 않다. 자사의 제품에 관심있는 잠재고객은 네이버나 구글에 검색한다고 확인할 수 있는 정보가 아니기 때문이다. 또 Cold Call은 모든 영업과 마케팅에서 가장 어려워하는 방법 중 하나다. 자사의 제품과 서비스에 관심이 없는 상대에게 짧은 순간에 관심을 이끌어내야 하기 때문이다. 하루종일 수백 통의 전화를 시도해도, 10%의 고객과도 긴 대화를 이어가는 것조차 쉽지 않다.

즉 B2B 비즈니스에서 전통적인 마케팅 방식의 비즈니스 기회발굴은 효율성이 극도로 떨어진다. 그만큼 어렵다는 의미다. 정리해보자면 '고객을 찾는 기업' 공급사가 고객을 찾고, 제안하고, 비즈니스를 제안하는 과정이 어렵다. 왜 그럴까? 데이팅 앱처럼 팔고자 하는 기업과 사고자 하는 기업을 한곳에 모아두고 정보를 공유하고 만나면 참 쉬울 텐데 B2B 기업에게는 데이팅 앱처럼 디지털 마케팅이 왜 빨리 실행되지 않을까?

이에 대한 답은 바로 B2B 비즈니스의 특징인 '신뢰의 시간' 그리고 '조직적 구매의사 결정' 때문이다. 데이팅 앱의 가장 큰 장점은 '높은 효율성'이다. 적은 비용과 시간으로 상대방을 만날 수 있다. 그런데 반대로 데이팅 앱의 가장 큰 단점은 '낮은 신뢰도'이다. 데이팅 앱을 사용하지 않는 일반인을 상대로 한 설문조사 결과, 약 80%가 불건전한 목적으로 데이팅 앱을 사용하는 사람이 많은 것 같다고 응답했다. 데이팅 앱을 사용하는 이들도 자신의 개인 정보를 속이거나 외양을 어플로 보정하고, 앱 자체도 실명 접속이 아니기 때문에 '신뢰도'가 낮을 수밖에 없는 구조다. 그렇기 때문에 데이팅 앱을 통해서는 결혼과 같은 깊은 만남보다는 비교적 가벼운 만남을 원할 때 선호도가 높다.

결혼 전제보다는 '연애' 먼저 ──────────────

B2B 비즈니스의 특징을 남녀 간의 만남으로 비유하자면 '연애'보다는 '결혼'에 가깝다. 그래서 기업 서로가 상대를 깊게 알고자 하며, 그 과정에서 정보 공유의 깊이가 깊어지는 데까지는 긴 '시간'이 필요하다. 우리가 결혼 전에 상대방을 최소한 1년 이상 만나면서 꼼꼼히 파악하듯이, B2B 기업 거래에서는 짧은 시간에 '거래'가 이루어지지 않는다. 왜냐하면 한 번 기업 간 B2B 거래를 시작하면 다른 업체로 전환을 하는 데 비용과 시간이 많이 들기 때문에 거래 업체를 선택할 때 처음부터 신중하게 따져보기 때문이다. 즉 B2B 공급사는 마케팅을 실행할 때 효율성에 앞서

서 어떻게 '신뢰도'를 높일 것인가를 고민해야 한다.

그런데 여기서 '신뢰도'를 한 명에게만 높이는 것이 아니라 잠재고객 전체에게 신뢰도를 높여야 한다. 그 이유는 바로 '조직적 구매의사 결정' 때문이다. B2C 비즈니스에서 소비자는 '검색'부터 '구매'까지 개인이 결정한다. 그리고 그 결정에 대한 책임 또한 혼자서 지게 된다. 이 때문에 '마음'과 '감성'에 따라서 의사결정이 일어난다. 그렇지만 B2B 비즈니스는 주로 '구매'하는 '조직'이 존재하며, 구매팀뿐 아니라 개발, 제조, 마케팅 등 다양한 부서 내의 담당부서에서 '구매'와 관련하여 의사결정에 영향을 미친다. 현대자동차, 삼성전자에 구매팀의 담당자가 있지만 연구소, 개발, 디자인팀 등 다양한 부서에서 제품과 서비스와 관련된 '구매' 의사결정에 영향을 미친다.

즉 온라인상의 디지털 정보로 의사결정을 하는 데 있어서 여러 부서에 앱 또는 온라인 사이트를 보여주면서 의사결정을 받는 것보다, 업체의 영업 또는 마케팅 담당자를 회사 내로 불러서 소개 받는 것이 훨씬 정확한 정보를 빠르게 얻을 수 있다. 오프라인에서 한 번 보는 방법이 더 '효율적'이다.

그렇다면 B2B 비즈니스에서 B2C처럼 디지털 마케팅을 적극적으로 추진하는 기업은 어떤 기업일까, 하는 의문이 떠오른다. 환경이 변하면 새로운 기업이 등장한다. 새로운 기업은 전통적으로 한국에서 자리 잡고 있는 기업과는 다른 비즈니스 구조를 가지고 있으며, 판매하는 제품과 서비스 또한 과거의 그것과 다르다. 또한 이제 막 사업을 시작하는 '스타트업' 그리고 계속 사업을 확장하고 자사의 비즈니스를 알려야 하는 '중견,

중소' 기업은 '결혼'도 중요하지만 그것은 아직은 먼 이야기이며, 우선 잠재고객과 만남을 시작하는 '연애'가 더 절실하다. 그래서 B2C와 유사하게 우선 고객에게 자사의 제품과 서비스 그리고 브랜드를 알려야 하는 B2B 비즈니스를 하고 있다면 B2C와 유사한 방식으로 디지털 마케팅을 추진하는 것이 훨씬 효율적이다. 먼저 연애할 대상을 만나는 것이 우선이기 때문이다.

빠르게 바뀌는 트렌드와 밈 : 꼰대와 MZ세대

'디지털' 세상에서 소문과 자랑은 매우 빨리 퍼져나간다. 그리고 누군가 '좋다'고 하는 것은 너도 나도 발빠르게 받아들인다. '애자일'(Agile) 그리고 '애자일 조직'이라는 키워드가 한때 크게 유행한 적 있다. 물론 지금도 디지털 전환과 빠르게 변하는 세상에 따라가기 위하여 기민하고 민첩함을 뜻하는 '애자일하게' 조직이 움직여야 한다는 데 큰 이견은 없다. 그런데 어떤 단어가 '이슈'가 되기 시작하면 기업은 '자사'에 맞는 옷인지 아닌 옷인지 따져보기도 전에 우선 '시도'부터 한다. 그런데 막상 첫 시도를 하려고 하니 어떻게 해야 할지 몰라 그다음 순서로 '성공사례'를 찾아본다. 'A라는 회사에서 이런 방식으로 해서 애자일을 성공했더라' 'B라는 회사는 이런 툴을 사용했더라'와 같은 것들이다. 그런데 여기서 맹점은 국내에 '애자일'이 도입되지 않은 초기였기 때문에 거의 해외의 성공 사례를 드는 경우가 많았다. 그러나 한국의 기업 문화는 미국, 유럽 등의 해외 기업 문화와는 분명히 다르다.

즉 해외의 성공 사례를 기반으로 한국 기업에 억지로 적용을 시키려고 하니 많은 기업에서 '수평조직' '애자일 조직'과 같은 시도를 하다가 결국 다시 원점으로 돌아가는 경험을 하고 있다. 마치 어떤 옷이 유행하면 그것이 나와 어울리는지 따져보지도 않은 채 일단 입어보는 것처럼 말이다.

'트렌드'를 무작정 따르려는 이유는 아마도 여기서 찾을 수 있을 것 같다. '트렌드'를 좇지 못하면 뒤처지는 듯한 느낌이 든다. '신조어'를 모르면 마치 시대에 뒤떨어진 사람 같고, MZ세대에서 유행하는 '밈'(Meme)을 이해하지 못하면 '꼰대'라고 불릴까 두려워한다. 그래서 세상의 트렌드를 놓치지 않으려 열심히 인터넷을 검색하고 따라가 보지만, 나와 맞지 않은 옷을 입은 듯 불편하고 곧 또 다른 트렌드가 생겨나 결국 세상을 이해하는 데 실패하고 만다.

그런데 한 조사에서 우리가 MZ세대라고 부르는 그들은 막상 자신이 MZ세대가 무엇인지 모른다고 말한다. MZ세대의 대표 아이콘이라고 불리는 래퍼 이영지는 한 예능 프로그램에 나와서 "MZ세대라는 말은 알파벳 계보를 이어가고 싶은 어른들의 욕심인 것 같다"라고 말하면서 "마케팅용으로 짜인 틀인 것 같다"라고 했다. 또 MZ세대를 하나로 묶는 것에 대해서 의문을 제기하는 사람도 많다. MZ는 거의 20년에 가까운 기간인데 하나로 묶어 동일하게 판단하는 것 자체가 오류라는 것이다. 그래서 우리는 '트렌드'를 접할 때 어떻게 받아들일 것인지에 대하여 먼저 고민해야 한다.

기업의 실무자도 이런 트렌드로부터 자유로울 수 없다. 조직의 인사 담당자들이 모두 '애자일'을 논하고 있는데 모른 척하고 있을 수 없으며, 다른 기업이 디지털 마케팅을 하고 있는데 그저 구경만 하고 있을 수 없다. 왜냐하면 임원이 "김과장 혹시 우리는 '애자일' 어떻게 하고 있나?" "이차장 우리는 '디지털 마케팅' 어떻게 하고 있어? 오늘 타사 임원과 미팅이 있었는데 다들 디지털 마케팅 하고 있더라고'"와 같은 질문을 하기 때문이다.

그래서 의사결정에 특히 신중해야 하는 B2B 기업의 마케터들은 '트렌드'를 제대로 이해하고 받아들여야 한다. 우선 트렌드를 받아들이기 위해서는 다음 3가지 질문에 답할 수 있어야 한다. 첫째 자사는 디지털 마케팅 트렌드를 따라갈 필요가 있는가? 둘째, 따라야 한다면 어떤 디지털 마케팅을 해야 하는가? 셋째, 할 필요가 없다면 그 근거는 무엇인가?

B2B 비즈니스를 단순히 Business to Business 기업 간 거래로만 해석하면 앞의 3가지 질문에 답하기 어렵다. 왜냐하면 B2B는 한마디로 정의할 수 없을 만큼 복잡한 구조를 가지고 있기 때문이다. B2B 비즈니스의 거래는 공급기업, 구매기업 그리고 제품과 서비스의 특성에 따라서 거래방식이 달라진다. 공급기업과 구매기업은 모두 판매 그리고 구매하는 제품과 서비스의 특성, 거래 비용과 규모, 유통방식, 매출 증대 방식 등에 따라서 거래 방식이 달라진다.

예를 들어 현대자동차와 B2B 거래하는 기업이 있다면 이들의 거래 방식은 상황에 따라서 달라진다. 상대적으로 업무에 중요도가 떨어지는

MRO(maintenance, repair and operation; 소모성 자재)와 같은 '복사용지'를 공급하는 B2B 기업과, 전기차의 핵심인 '배터리'를 공급하는 B2B 기업은 고객사인 현대자동차와 거래하는 방식에서 큰 차이가 있다. 전자인 MRO를 공급하는 기업은 고객사와 함께 전략적인 커뮤니케이션이 필요하지 않기 때문에 고객사의 요구에 빠르게 대응만 하면 충분히 B2B 공급자로서의 역할을 다하는 것이다. 반대로 후자인 배터리와 같이 중요한 핵심 부품을 공급하는 공급자는 고객사와 함께 전략적 커뮤니케이션이 중요하기 때문에 고객사의 전략을 이해하고 의사결정의 구조를 깊숙이 이해할수록 비즈니스의 깊이가 깊어진다.

B2B 디지털 마케팅 전략 : 사물인터넷, 타깃팅 콘텐츠, 이커머스 플랫폼, 스테이플스 이지버튼

B2B 기업은 같은 기업을 상대한다고 하더라도 '마케팅'이 달라져야 한다. 그래서 B2B 비즈니스에 영향을 주는 2개의 축을 가지고 4가지 구조로 나누어 보고, 그 안에서 자사에 맞는 디지털 마케팅의 방식을 찾아가야 한다.

B2B 비즈니스를 구분하는 방식 첫째는 '고객 비중'이다. '신규고객'과 '기존고객'의 비중에 따라서 B2B 기업의 비즈니스 방식은 달라진다. 만약 '기존고객'의 비중이 100%라면, 지금 거래하는 고객사를 '관리'하는 비즈니스를 해야 한다. 반대로 단발성 거래로 계속 신규고객을 만들어야

하는 경우는 '신규고객'이 100%이며 계속 고객을 개척하는 비즈니스를 해야 한다. 고객의 비중에 따라서 비즈니스의 방향성이 다르기 때문에 마케팅의 역할 역시 신규고객을 어떻게 확보할 것인지 또는 기존고객을 어떻게 관리할 것인지와 같이 달라진다.

통상적으로 B2B 비즈니스에서는 기존고객의 비중이 높은 상태에서 미래의 먹거리를 위한 신규고객을 확보하는 형태로 비즈니스가 유지된다. 그리고 기존고객 중 10% 내외의 소수 고객이 매출의 50% 이상까지 차지하는 경우가 많기 때문에 B2B 비즈니스에서 기존고객 관리는 중요한 요소다.

B2B 비즈니스를 구분하는 두 번째 방식은 '구매 난이도'이다. 구매 난이도는 고객의 관점에서 구매하는 제품과 서비스의 비용, 수량, 제품의 중요도, 구매 리스크 등에 따라서 달라진다. 구매 난이도가 높아진다는 의미는 고객사가 구매의사결정을 할 때 '복잡한 구매 의사결정'을 한다는 의미이며, 구매를 결정하는 인력이 구매팀뿐 아니라 개발, 품질, 마케팅 등 다양한 고객사 내의 조직이 관여하게 된다.

'디지털 마케팅' 관점에서 보면 구매 난이도가 높은 제품을 구매하는 고객은 온라인상에서 검색하거나 구매하지 않는다는 의미와도 연결된다. 즉 유튜브, SNS 채널 등을 통해서 마케팅을 하는 것이 큰 의미가 없다는 뜻이다. 여전히 TV, 라디오 등에서 B2B 기업의 광고를 보기는 어려우며, 우리가 B2B 기업 또는 제품의 마케팅을 SNS에서 볼 수 없는 이유가 여기에 있다. 그러면 각 영역별로 어떤 비즈니스를 하며, 이와 연결하여 어떤 디지털 마케팅적인 접근이 있는지 알아보자.

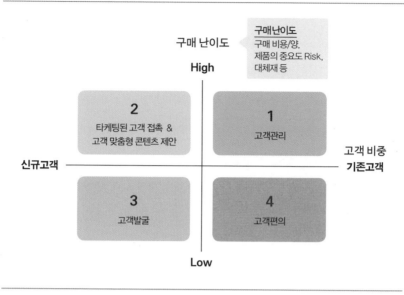

4가지 B2B 비즈니스 구조

첫째, 1사분면 '기존고객'의 비중이 높으며, '구매 난이도가 높은 제품'을 판매하는 B2B 디지털 마케팅 전략은 '고객 관리' 중심이어야 한다. 왜냐하면 1사분면의 고객사와 공급사는 장기간 거래를 맺고 있는 기업이기 때문이며 오랫동안 거래를 해서 서로에 대하여 잘 알고 있다. 이때 디지털화를 통한 고객 관리는 고객의 '인적' 관리와 자사의 제품과 연결된 '제품' 관리로 나눌 수 있다.

● 예지 진단 시스템 with 사물인터넷(IoT; Internet of Things)

H사는 산업용 모터를 중심으로 제조 설비를 생산하는 기업이다. 그리고 고객사 K는 H사의 제조설비를 구매하여 제품을 생산하는 제조업이

다. 제조업에서는 예상치 못한 불량이 가장 큰 리스크로 일단 고장이 발생하면 생산라인을 중지해야 하며, 그 기간 동안 제품을 생산하지 못하는 비용과 시간 손실이 발생한다. 또 불량이 발생하면 설비 공급사인 H사에서 담당자가 와서 불량을 눈으로 직접 점검하고 파악 후 수리를 진행해야한다. 더구나 부품이 해외에서 공급되어야 하는 상황이 발생하면 그 생산라인이 가동하지 못하는 시간은 더욱더 길어진다.

이 문제를 해결하기 위하여 H사는 10여 개의 K사 사업장에 약 100여 개의 '설비 예지 진단 시스템'을 운영하고 있다. 운영방식은 고객 K사의 주요 설비에서 '이상징후'가 발생하면 이 이상을 IoT 시스템을 통하여 K사의 담당자는 선제적으로 이상징후를 파악한다. H사의 설비에 평소보다 '진동이 커짐'과 같은 이상징후가 발생하면 이 이상징후의 '데이터'를 예비 진단 시스템이 파악하고, K사 담당자의 모바일 앱으로 이상징후를 전송한다. 관심지수는 점수로 수치화하여 특정 점수 기준을 넘어서면 '주의' 알람이 울리고, 특정 점수를 넘어서게 되면 '관심' 단계가 발령된다. 이렇게 '관심' 단계에 들어서면 H사의 담당자는 고객 K사의 설비 담당자에게 즉시 연락하고 점검을 실시하게 된다.

이렇게 IoT 시스템을 통하여 축적된 데이터는 H사에 빅데이터로 저장되고, AI를 통하여 문제의 원인을 분석하는 선순환을 일으킨다. 즉 고객인 K사는 생산라인 정지 리스크로부터 자유로워지며, 공급사인 H와 관계 향상을 넘어서 의존도가 높아지게 된다. B2B 기업에서는 주로 '을'의 역할인 공급사가 고객을 의지하게 만드는 것은 B2B 비즈니스에서 매우 전략적인 접근 방식이다. 왜냐하면 이를 통하여 고객에게 심리적 안정감을 줄 뿐만 아니라 전환비용(Switching Cost)을 높임으로써 경쟁사가 고객에게 진입하는 장벽을 높게 만들 수 있기 때문이다.

즉 고객 관리가 핵심인 1사분면의 비즈니스 상황에서는 자사의 제품을 디지털화된 시스템으로 관리함으로써, 고객의 문제를 해결하고 장기적으로 안정적인 비즈니스 구조를 만들 수 있게 된다. 또 축적된 데이터는 다른 신규고객을 확장해 나가는 데에도 레퍼런스로 활용할 수 있는 자원으로 활용할 수 있다.

둘째, 2사분면 '신규고객'의 비중이 높으며, '구매 난이도가 높은 제품'을 판매하는 B2B 디지털 마케팅 전략은 '타깃팅된 고객 접촉 그리고 고객 맞춤형 콘텐츠 제안'이어야 한다. 두 번째는 구매 난이도가 높은 제품을 가지고 신규고객을 개척해야 하는 경우다. 이런 경우는 1사분면의 기존고객 점유율이 높은 상태에서 기존고객의 정체 또는 고객 다변화의 요구에 따라서 해외나 국내로 시장을 개척하는 상황을 예로 들 수 있다.

기존고객의 매출비중이 높다는 것은 안정적인 비즈니스를 유지하는 장점이 될 수도 있다. 그러나 고객사에서 정책 변경으로 공급사의 다변화를 추진하는 경우 경쟁사의 진입으로 매출과 이익의 감소가 발생한다. 즉 오랫동안 안정적으로 비즈니스해 오던 고객을 빼앗기게 되는 상황이다. 예를 들어 국내 자동차회사의 경우 과거에는 국산타이어 브랜드와 주로 B2B 거래를 했으나, 최근에는 해외 타이어 브랜드와도 거래하고 있다. 사내 급식 서비스를 운영하는 '웰스토리'의 경우 삼성그룹 사내식당 대부분을 맡고 있다. 그런데 최근 독과점법 이슈로 인하여 '아워홈' '현대그린

푸드' 'CJ프레시웨이' '신세계푸드' 등 경쟁사가 삼성 그룹사로 진출할 기회가 열렸다. 사실 단체 급식은 '웰스토리'뿐 아니라 나머지 4개 기업도 회사명에서 보는 것처럼 대부분 계열사, 친족 기업 중심으로 거래를 해오고 있었다. 그러나 이제는 서로가 서로의 고객을 뺏기고 빼앗는 경쟁 구조가 되었다.

이런 경우 기존고객을 빼앗겼기 때문에 국내외로 신규고객을 새롭게 확보해야 하는 상황이 발생한다. 이때 B2B 공급사는 고객에게 '타깃팅'된 '콘택트'가 중요한 디지털 마케팅의 포인트다. 우선 양질의 '고객 데이터'를 확보하는 것이 중요하다. 양질의 고객 데이터는 자사의 제품과 서비스를 필요로 하는 잠재고객의 연락처, 이메일 등이며 이를 우선 확보하는 것이 중요하다.

오프라인에서 전시회를 주최하는 경우 자사 부스를 방문한 잠재 담당자에게 이메일을 보내는 방식이 주로 B2B 비즈니스에서 고객정보를 확보하는 방식이었다. 그런데 코로나로 인하여 이렇게 오프라인에서 고객정보를 확보하기 어려운 경우는 업계의 '협회' '컨설팅사'로부터 잠재고객사의 정보를 얻을 수 있다. 특히 해외의 경우는 지역별 무역업체 또는 동종업계의 한국 기업을 접촉함으로써 해외 고객사 정보를 얻을 수 있다.

● 타깃팅된 고객 정보 확보 그리고 디지털 콘텐츠

글로벌 윤활유 기업인 H사의 주요 고객사는 자동차 관련 사업을 하는 기업이다. 현대기아차와 같은 완성차 기업뿐 아니라, 자동차 부품과 관련된 비즈니스를 하는 기업이 주요 고객이며 매출의 상당 부분을 차지하고 있다. 그런데 자동차 산업이 전기차 산업으로 조금씩 전환됨에 따라서 기존고객의 매출 감소가 예측되며, 이에 따라 새로운 고객으로 시장을 개척해야 한다는 내부 전략이 수립되었다. 그런데 H사는 외국계 기업으로 비교적 적은 수의 인력으로 국내의 고객을 세분화하여 담당하고 있었다. 즉 마케팅의 역할은 크지 않았으며 B2B 영업 담당자들이 고객 관리와 시장 정보 분석의 업무를 함께하는 등의 역할을 하고 있었다. 그리고 마케팅팀에서는 글로벌 본사로부터 기술 지원 등을 기반으로 '기술 자료 대응과 시장 정보 수집'의 역할만 하고 있었다.

처음에는 신규고객을 확보하기 위하여 인터넷 검색을 통하여, 자사의 제품을 구매가능할 것이라 생각되는 불특정 다수 기업의 이메일을 확보하고 자사의 소개메일을 보내기 시작했다. 그런데 고객 메일을 확보하기도 힘들 뿐 아니라 자사의 제품을 구매할 수 있는 잠재고객이 어떤 기업인지 파악하는 것조차 어려웠다. 당연히 시간을 투자하여 이메일을 전송하였으나 회신을 받는 경우가 극히 드물었다.

그래서 외부 컨설팅을 통하여 자사의 제품을 구매할 수 있는 '타깃 산업군'을 선정하였으며, 타깃 산업군과 관련한 협회를 접촉하여 회원사의 이메일 정보를 확보하였다. 그리고 이렇게 타깃팅된 잠재고객에게 이메일을 보냈더니, 고객 유·무선 회신 비율이 기존대비 5배 이상 높아졌으며 고객 미팅으로까지 이어지는 확률 역시 높아졌다.

여기서 중요한 포인트는 H사는 이미 블로그, 페이스북, 링크드인(Linked in), 유튜브 등 다양한 온라인 채널에서 자사와 제품에 대한 콘텐츠가 꾸준히 업데이트되고 있었던 점이다. 그래서 H사의 이메일에 자사의 콘텐츠가 올라와 있는 링크를 연결하였으며, 잠재고객이 조금 더 쉽게 자사의 소유한 온라인 채널로 유입될 수 있는 확률이 높아졌다.

그리고 메일 본문 내용의 '콘텐츠' 또한 똑같은 내용으로 보내지 않고, 같은 산업군 내에서도 한 번 더 유사한 특성을 가진 고객은 세그먼테이션 (Segmentation)하여 메일 내용과 콘텐츠를 차별화하여 전송하였다.

구매 난이도가 높은 경우의 의미는 어느 정도 '고객군'이 한정되어 있다는 의미이기도 하다. 그래서 이메일을 보낼 때는 산업의 동향, 업계의 이슈 등을 중심으로 잠재고객의 관심을 끌 수 있는 내용으로 이메일을 송부하여 우선 메일을 '클릭'하게 만드는 것이 중요하다.

그리고 본문에서는 자사의 제품 정보를 직관적으로 이해할 수 있는 그림과 사진 중심으로 내용을 구성하는 것이 좋다. 그리고 자사의 홈페이지와 함께 SNS, 유튜브, 블로그 채널 등을 링크로 연결하여 잠재고객이 자사의 콘텐츠를 확인할 수 있도록 하는 것이 비즈니스 기회발굴에 유리하다.

타깃팅이 안 된 평이한 자사 소개 이메일링과 고객 타깃팅이 된 본문과 함께 디지털 콘텐츠 제공은 결과적으로 큰 차이가 있다. 타깃팅이 되지 않은 이메일은 읽히지 않은 채 스팸 처리가 된다. 제목부터 광고의 느낌이, 그리고 관심 없는 회사의 이름이 적혀 있으면 클릭조차 하지 않는다. 제품 소개와 함께 PPT로 첨부된 소개서가 첨부되어 있지만 굳이 시간을 내서 꼼꼼히 읽어볼 잠재고객은 극히 소수에 불과하다. 즉 다시는 보고 싶지 않은 메일이 된다.

반대로 제목부터 타깃팅된 이메일과 고객의 관심을 끌 수 있는 콘텐츠의 연결은 잠재고객이 자사에 대한 정보를 시간 투자해서 볼 수 있게 만든다. 이런 과정의 반복은 마케팅 담당자 접촉으로 이어질 확률이 높아진다.

셋째, 3사분면의 '신규고객'의 비중이 높으면서 '구매 낮이도가 낮은' 경우 B2B 디지털 마케팅 전략은 '고객 발굴' 중심이어야 한다. 3사분면의 비즈니스를 하는 경우는 단기 거래 또는 소량의 구매로 인하여 B2C 비즈니스처럼 계속 새로운 고객을 유입하고 매출을 늘여야 하는 비즈니스다. 조금 더 구체적으로 고객을 타깃팅하면 '중소 규모'(Small-Medium)의 고객이 3사분면의 주요 고객들이다. 이들은 B2C(개인)과 B2B(대형법인) 사이의 규모이며 '개인 사업자' '소규모 법인' 등을 예로 들 수 있다. 즉 고객의 수가 많고 구매 규모가 작기 때문에 잠재고객에게 경쟁사 대비 자사를 우선 알리는 것이 중요하며, 일단 고객사가 자사를 알게 되면 매출로 이어질 가능성이 높다. 왜냐하면 B2C에서 디지털 광고를 보고 구매하듯이 이런 경우 역시 구매 난이도가 낮은 제품이기 때문이다. 그래서 때로는 고객을 직접 대면하지 않고도 비즈니스가 이루어질 수 있다. 범용화된 제품을 해외 고객에게 무역하는 경우가 하나의 예다. 예를 들어 중국으로 무역을 한다면 쿠팡에서 1, 2, 3등 하는 제품을 중국의 '바이어'에게 공급하는 B2B 거래 방식이 있을 수 있다.

즉 이런 경우는 고객사의 구매 담당자 또는 고객사는 주로 '검색'을 이용하여 업체를 찾아보기 때문에 이때 디지털 마케팅은 검색엔진 최적화에 중심을 두어야 한다. 검색엔진 최적화를 하는 이유는 나와 비슷한 비즈니스를 하는 기업이 매우 많다는 의미와도 연결된다. 소비자의 입장에서 온라인 스토어에서 제품을 구매할 때 네이버에서 검색된 최상단 제품을 우선 클릭하는 경우가 많다. 상단에 노출된 제품은 더 많은 사람이 클릭하고, 구매 그리고 후기로 이어지기 때문에 지속적으로 상단에 노출되는 '선순환'을 만들어낸다. 즉 우선 검색이 다른 경쟁사들보다 잘 되는 것이 중요하다.

마케팅 퍼널의 입구에서 비즈니스 기회발굴의 양을 극대화하여 매출을 높이는 마케팅 전략이 실행되어야 한다. 이는 Commodity(범용제품)를 제조 판매 또는 대량 구매를 유도하는 B2B 비즈니스를 하는 기업이 이에 해당된다. 그리고 대리점처럼 완제품의 판매채널 중심으로 B2B 비즈니스를 하는 경우다. 기업에 에어컨을 설치하거나 완제품의 대리점을 운영하는 경우, 기업에서 이렇게 검색하여 공급업체를 선택할 수 있다.

● B2B 이커머스 플랫폼

쿠팡은 21년 8월 특허청에 '쿠팡비즈' 상표권을 출원했다. 쿠팡비즈는 중소사업자 등 기업 고객을 대상으로 소모품을 판매하는 MRO 시장 진입을 할 것으로 예상된다. '쿠팡비즈' 이전에 쿠팡은 '쿠팡이츠딜'을 론칭하여 음식점에 식자재를 납품하는 B2B 비즈니스를 추진하고 있다.

이렇게 B2B로 이커머스가 진입한 배경에는 B2C 시장의 경쟁이 너무나 치열하기 때문이다. 반대로 B2B 시장은 절대 강자가 존재하지 않은 블루오션 시장이다. 약 30조 원으로 추정되는 MRO 시장의 대표 기업은 전 LG계열사에서 분리된 '서브원'과 전 삼성 계열사에서 분리된

'아이마켓코리아'가 있다. MRO 비즈니스에서 이런 주요 플랫폼의 비중은 5-10%밖에 되지 않기 때문에 신규 진입자에게는 매력 있는 시장이다. MRO는 제품의 중요도가 높지 않기 때문에, 구매의 규모가 큰 경우는 MRO 기업과 수의 계약을 통해서 계속 관계를 유지하는 경우가 많다. 즉 기업의 담당자가 지정된 MRO 업체에게 지속적으로 주문하고 계약을 연장하는 구조다. 또는 구매 규모가 작은 기업의 경우는 총무 담당자가 온라인 검색 또는 온라인 사이트를 통해서 대량 주문하는 경우로 구매가 이루어진다.

B2C 시장에서 이커머스가 자리 잡았듯이, B2B 시장에서도 구매 난이도가 낮은 제품 그리고 불특정 다수의 고객이 존재하는 비즈니스는 온라인 이커머스와 B2B 비즈니스 플랫폼 등을 이용하여 거래가 계속 증가할 것으로 전망된다. 이 때문에 B2B 기업은 고객의 구매 방식 변화를 예의 주시할 필요가 있다. 즉 기업의 담당자가 오프라인 중심의 구매에서 '온라인 중심'으로 검색과 구매의 전환이 이루어지는지 등을 살펴보아야 한다.

넷째, 4사분면의 '기존고객'의 비중이 높으면서 '구매 낮이도가 낮은' 경우, B2B 디지털 마케팅 전략은 '고객 편의' 중심이어야 한다. 4사분면의 비즈니스는 3사분면에서 거래를 성공한 기업 중 장기거래를 하게 된 기업과의 비즈니스를 의미한다. 결국 B2B 비즈니스는 새로운 고객을 발굴해야 하기도 하지만, 안정적인 거래를 위해서는 '기존고객'을 잘 관리하는 것이 중요하다. 그런데 구매 난이도가 낮은 제품이기 때문에 고객은 쉽게 다른 경쟁사를 검색하고 이동할 수 있게 된다. 그래서 철저한 '고객 관리'를 통해 고객을 유지해야 하는 데 모든 고객에게 구매 난이도가 높은 1사분면과 같이 비용을 투자해서 IT 시스템을 연결하고 데이터로 관리하는 것은 투자 관점에서 쉽지 않다.

그렇지만 구매 난이도가 낮은 제품의 핵심은 고객이 필요할 때, 필요한 제품을 빠르게 가져다주는 것이다. 그리고 구매와 비용 처리의 단계가 마치 소비자가 쿠팡과 네이버에서 구매하는 것처럼 쉽게 이루어지면 된다. 이것이 본질이며 '빅데이터' '디지털화' 'AI' 등이 결합된 형태로 주문을 해결하려는 기업이 있다.

● 스테이플스 이지버튼(Staples Easy button)

스테이플스(Staples)는 미국의 가장 큰 사무용품 유통업체로 전 세계 약 2,000개의 매장이 있다. 스테이플스의 시작은 전통적인 소매업이었으나, 2017년을 기준으로 매출의 약 60%가 B2B 비즈니스가 차지하고 있다. 이런 스테이플스가 B2B 비즈니스에서의 디지털 전환을 시도하고 있다. 그 방식은 인공지능인 IBM 왓슨(Watson)과 모바일 앱 그리고 인터넷이 연결된 시스템을 활용하여 기업에서 일하는 스테이플스의 고객이 쉽고 빠르게 주문할 수 있는 시스템이다.

기업에서 사용하는 사무용품은 전형적으로 구매 난이도가 낮은 제품이다. 그럼에도 사용자는 비교적 불편한 프로세스를 따라서 제품을 구매하고 사용한다. 예를 들면 기업에서 근무하는 직원이 복사용지, 노트, 펜, 테이프 등과 같은 사무용품을 다 소비하게 되면 총무 담당자에게 주문을 요청하거나 부서의 비용으로 구매한 후 청구하는 방식으로 이루어진다. 비교적 가격이 저렴한 제품임에도 증빙해야 하기 때문에 영수증 처리, 내역 정리 등과 같은 매우 번거로운 절차를 거쳐야 한다. 구매를 담당하는 총무 또는 구매 담당자뿐 아니라 기업에서 사무용품을 구매하는 모두가 불편하다.

그런데 이런 문제점을 스테이플스는 이지 버튼(Easy button) 또는 이지 시스템(Easy System)이라고 불리는 하드웨어, 웹, 앱 통합 시스템을 통하여 해결하려 한다. 사용 방식은 하드웨어인 '이지 버튼'을 눌러서 육성으로 주문하거나 스마트폰으로 구매하고 싶은 제품 사진촬영, 검색 후 문자메시지 보내기, 이메일 등 모든 방식으로 즉시 주문이 가능한 방식의 시스템을 구축하고 있다.

아직은 출시 전으로 개발 단계이지만, 이러한 시스템이 고객에게 한번 구축되고 나면 B2B 기업은 다른 경쟁사로 전환이 어렵다. 우리가 카카오, 네이버, 쿠팡과 같은 플랫폼 서비스에 편하고 익숙해지면 다른 경쟁 플랫폼으로 쉽게 넘어가지 않는 것과 비슷하다. 특히 구매 난이도가 낮은 제품의 경우 '전환비용'이 크게 들지 않기 때문에, 고객이 익숙해지게 만드는 데 중점을 두어야 하며, 그 방법 중 하나가 주문 결제 시스템이 될 수 있다.

고객과 동료도
나와 같은 마음일까?

애증의 관계 '영업'의 생각 :
고객관계관리시스템(CRM) _____

　B2B 조직에서 이상하리만큼 많이 부딪히는 조직은 바로 '영업'과 '마케팅'이다. 영업은 당장 이번 달의 매출과 목표를 달성하는 것이 가장 우선인 데 반하여, 마케팅은 조금 더 '멀리' 그리고 '크게' 보는 역할을 하는 조직이다. 그래서 두 개의 조직에서 실현하고자 하는 목표실현 '시점'에서의 차이가 발생한다. 영업은 '숫자'로 그 결과를 보여줘야 하는 데 반하여, 마케팅은 어떤 것을 '실행했다'는 자체만으로 인정받기도 한다. 예를 들어 영업은 이달의 목표 판매량인 100개를 달성하지 못하면 영업담당

자는 일을 잘 못한 사람이 되는 것이다. 그런데 반하여 마케팅은 "중장기 전략을 수립했습니다" "디지털 마케팅 기법을 도입해서 고객에게 제안했습니다"와 같이 어떤 시도 자체로 조직의 존재 가치를 인정받기도 한다. 성과의 실행 시점이 '미래'이기 때문에 우선 큰 틀을 짜고 '보고'하는 중심의 업무이기 때문이다.

그런데 B2B 비즈니스에서 어떤 조직의 영향력이 더 강한가? 또는 어떤 조직이 더 중요한가? 라는 질문을 한다면 그 답은 단연 '영업'이다. 대부분의 규모가 있는 B2B 비즈니스에는 반드시 '영업'이 존재하며, 이들이 직접 고객을 대면하고 제품을 공급하고 대금을 지급받으며 직접 '매출'이 발생한다. 즉 영업은 B2B 비즈니스에서 필수불가결하며, 비대면 시스템과 온라인으로 쉽게 전환되지 않는 비즈니스 구조는 바로 '영업'이 고객을 만나야 구체적인 비즈니스가 이루어진다는 데 있다.

그러면 마케팅에서 추진하고자 하는 '디지털 마케팅'은 '영업'이라는 조직에 근본적으로 도움이 될까? 조금 더 직접적으로 말해보자면 '디지털 마케팅 방식'이 무엇이든 영업의 단기적인 그리고 중장기적인 매출 또는 혁신적인 고객 관리에 기여하여 고객의 만족도를 높이는 데 기여할 수 있을까? 이에 대해 반드시 고민해야 한다.

결국 돈을 벌어 오는 곳은 '영업'인데 마케팅 자체적으로 영업을 고려하지 않은 디지털 마케팅 전략과 시스템 도입은 예기치 못한 충돌을 만들 수 있다. 영업에 있을 때 경험한 마케팅과의 충돌점 첫 번째는 마케팅은 너무 '미래'를 위해서 준비한다는 것이었다. 두 번째는 마케팅은 '고객'을 영업보다 깊이 알지 못하는데 '고객 접점'의 마케팅 전략을 수립하려고 한다는 것이다. 마케팅이 만들려는 '미래' '디지털 마케팅'은 분명히 마케터의 관점에서는 트렌드이며 반드시 도입해야 하는 당연한 것일 수 있다. 그러나 가장 핵심 조직인 '영업'으로부터 대 고객 커뮤니케이션, 그리고 마케팅과 영업의 시너지 포인트 관점에서 '영업'의 업무에 기여할 수 있는 방향으로 디지털 마케팅이 실현되어야 한다.

● 마케팅의 고객관계관리시스템, 누구를 위한 것인가?

마케팅팀에 있을 때 '고객관계관리시스템'(CRM; Customer Relationship Management System)을 설계하라는 상부의 지시가 떨어졌다. 영업 담당자들이 미팅을 다녀와서 미팅회의록이 개인PC에 저장되어 있어서 담당자 또는 직속 보고를 받는 상사 이외에는 그 정보가 공유되지 않는다는 이슈가 있었다. 그리고 고객사의 누구를 만났는지 그들의 특징과 미팅의 목적 같은 것들이 어떠한지 공유되지 않는다는 이슈가 임원급에서 발생한 것이다. 그때 마침 기업에서는 업무 시스템 효율화를 목적으로 다양한 '업무 시스템'을 도입을 실행하고 있었으며, 그중 하나로 고객을 관리하고 미팅 정보를 공유할 수 있는 CRM 시스템을 만들자는 것이었다.

그래서 마케팅팀의 주도하에 시스템을 만드는 시스템 프로젝트 매니저들과 함께 주 사용자인 영업사원을 인터뷰해서 CRM 시스템을 만들었다. 이 시스템의 근본적인 목적은 고객 정보, 고객 미팅 정보들이 관련 부서와 투명하게 공유되고 시너지를 만들어 대 고객 비즈니스를 더 잘 해보자는 것이 핵심이었다.

그런데 결과적으로 시스템에 정보를 입력하는 사람은 '영업 담당자'

였으며, 미팅 전·후에 리포트를 작성하여 올려야 했다. 그리고 만났던 고객사 담당자에 대한 정보도 디테일하게 작성해야 했다. 결과적으로 '영업의 업무 부담'만 커졌으며, 고객과 일어나는 수없이 많은 미팅을 타 부서의 사람들은 크게 관심을 가지지 않았다. 즉 기존 방식대로 영업 담당자가 담당 조직의 부서장에게만 구두로 보고하거나, 중요한 상황에서만 만들면 되는 보고서인데 시스템을 만들면서 불필요한 업무 프로세스만 더 늘어나게 된 것이다.

'디지털 마케팅' '마케팅 시스템' '디지털 트랜스포메이션' 그 이름이 뭐든 추진하는 방향은 자사의 '비즈니스'가 더 잘되기 위함이어야 한다. 단순히 외부의 트렌드를 따라서 움직이며, 직접 매출을 만들어 오는 '영업'의 동의와 시너지가 이루어지지 않은 디지털 마케팅 방식은 "마케팅은 그냥 보고를 위한 조직이야" "트렌드만 따라가는 조직이야"라는 소리를 들을 수밖에 없다.

연애의 대상 '고객'의 생각 : 불만 가득 디지털 마케팅 _____

비즈니스에서 가장 중요한 것은 무엇인가? 라는 질문을 했을 때 많은 사람이 '고객'이라고 답한다. 그런데 막상 비즈니스를 하게 되면 영업은 '자사의 매출' '나의 목표 달성'이 가장 우선하는 것처럼 보인다. 또 마케팅은 시장, 고객, 경쟁사를 함께 조사하고 분석해야 하지만 현실 기업에서는 '경영진'의 변화 요구 그리고 '경쟁사'의 움직임에 따라서 업무를 추진하는 경우가 있다. 즉 경영진에서 이렇게 이야기한다. "경쟁사 A는 유튜브 채널 개설했던데 우리도 해야 하지 않아요?" "디지털 트랜스포메이션이 요즘 화두인데 우리 마케팅팀 주도로 무엇인가 해야 하지 않을까요?"와 같은 경쟁과 내부의 목소리에 따라서 변화가 시작된다는 것이다.

그런데 우리의 고객은 '디지털 트랜스포메이션' '디지털 마케팅' '비대면 화상회의' 'VR, AR을 활용한 제품 데모'와 같은 것을 편안하게 생각하고 원할까? 라는 물음이 중요하다. '디지털 마케팅'으로 세상이 변하고 있다는 것은 맞지만 모든 기업이 똑같은 방식으로 디지털 마케팅을 추진해야 할까? 절대 놓치지 말아야 할 것은 결국 '고객'인데 '고객'이라는 본질을 놓치고 있는 것은 아닐까?

● 고객은 디지털 마케팅에 행복해할까?

글로벌 물류 비즈니스를 하는 D사는 국내외의 글로벌 기업을 대상으로 비즈니스하고 있다. 이 기업은 특이하게도 매년 2번씩 고객을 대상으로 '고객 만족도 조사'를 실시한다. 항목 또한 비즈니스 프로세스를 8단계로 나누어 세분화하여 조사할 뿐 아니라, 100점 만점의 점수를 척도로 '객관적'인 수치가 도출될 수 있도록 고객 조사를 한다. 이에 더하여 '주관적'인 부분을 추가하여 직접 고객의 목소리를 들을 수 있는 항목까지 추가하였다. 그래서 고객만족도 조사 결과를 읽어보면 매년 고객은 자사에 대하여 어떤 만족과 불만족 사항이 있는지 구체적으로 파악할 수 있으며, 정량적으로 점수 비교를 통하여 고객 만족도의 변화도 알 수 있다.

그런데 20년에 이어 21년 전반기에도 고객 만족도 조사를 실시하였는데, 기존 대비 점수가 많이 낮아졌다. 여기서 특이한 점은 고객의 정성적인 평가 항목을 보면 기존과 크게 다르지 않다는 것이다. 언제나 '친절하게 고객을 잘 대해 줌' '커뮤니케이션에 대하여 문제없음' '시스템이 잘되어 있어 필요한 정보를 확인할 수 있음' 등과 같다.

　　그러나 전체 고객 만족도 점수는 코로나 이전 대비하여 무려 10% 가까이 하락하였으며, 특히 '고객 감동지수'라는 항목에서 기존 대비 가장 큰 점수 하락이 있었다. 주관적인 평가는 크게 차이가 없는데 왜 객관적인 점수에서 이렇게 큰 차이로 하락했을까? 이에 대한 기업 고객 커뮤니케이션 담당자의 대답은 다음과 같았다.

　　"아마도 고객을 대면으로 잘 만나지 못하는 것에 대한 아쉬움이 있는 것 같습니다. 과거에는 오프라인으로 고객을 자주 찾아뵙고 업무상 이야기도 나눴는데, 코로나19 때문에 고객을 대면으로 만나본 지가 오래되었거든요. 그렇다고 전혀 고객과 연락하지 않는 것은 아니고 화상회의나 컨퍼런스 콜 등을 통해서 고객과 접촉하고 있습니다. 그런데 아무래도 고객사 분들이 대면 커뮤니케이션에 익숙하다 보니 직접 만나서 커뮤니케이션하지 못하는 것에 대한 아쉬움이 있는 것 같습니다. 아무리 화상회의가 잘 발달되어 있어도 B2B 비즈니스 특성상, 깊은 대화나 보안 이슈가 있는 부분은 직접 만나서 이야기 듣는 것을 선호하시더라고요. 그러다 보니 고객이 직접적으로 표현하지 못하는 부분도 있고, 정보 수집과 커뮤니케이션 등에서 만족도가 낮아진 것 같습니다."

기존고객과 장기적인 비즈니스를 맺어오고 있으며, 구매 난이도가 높은 경우, 그리고 고객이 디지털 전환에 불편해하는 경우, 자사는 디지털 마케팅 전략을 어떻게 해야 할지 반드시 고민해보아야 한다. 언젠가는 변화될 시장이라고 생각할 수 있으나, 결국 '고객'을 위한 마케팅이 기본이어야 한다.

우리에게 필요한
새로운 B2B 연애 방식은?

기업 간 커뮤니케이션 방식의 변화 :
삼성SDS _____

    2006년 6월의 한 뉴스기사의 제목이다. "SMS(문자메시지) 무제한 요금제 폐지 논란" 이때 당시 10대 청소년의 한달 평균 SMS 발신건수는 2,139건으로 20대의 평균 사용량인 376건 대비 5배가 많았다. 즉 통신사에서는 청소년 대상으로 문자메시지 무제한 요금제를 만들었다가 SMS 사용량이 너무 많아지자 무제한 문자 요금제를 폐지한 것이다.

    2009년 스마트폰인 애플의 아이폰이 등장하기 전까지는 '피처폰'이라는 이름으로 무선통화와 SMS를 중심으로 소통이 이루어졌다. 이때 당시 성인은 청소년이 '문자'로 주로 대화를 나누는 것을 보고 참 이상하다고 생각했다. 왜냐하면 이때 당시 성인은 대화 즉 커뮤니케이션은 만나서 하거나 또는 직접 목소리를 들어야 제대로 이루어진다고 믿었기 때문이다. 그래서 전화 통화를 짧게 하다가 중요한 이야기는 "만나서 하자"라는 흐름을 영화나 드라마에서 자주 볼 수 있었다. 그래서 청소년의 '문자'를 통한 대화방식에 의문을 제기하고 "요즘 것들은 이상해"라고 하면서 청소년의 대화 방식에 의문을 품는 사람이 많았다.

그런데 지금은 친구끼리 전화로 목소리를 들으면서 대화하는 것이 때로는 어색하다. 그리고 문자 메시지가 아니라 '카카오톡' '라인' '텔레그램' 등의 메신저 그리고 SNS의 DM(Direct Message)을 통하여 커뮤니케이션하는 것이 더 익숙해진 세상이다.

과거에는 어색하기만 했던 '화상'을 통한 회의는 코로나19 이후 필수가 되어 ZOOM(줌), Webex(웹엑스), Teams(팀즈) 등 온라인 화상 커뮤니케이션 플랫폼을 통하여 우리에게 너무 친숙하게 자리 잡았다. 코로나19 이후 B2B 기업이 오프라인 행사를 진행 못하여 큰 고민 중 하나였던 세미나 또한 웨비나(Webinar; 웹과 세미나의 합성어)의 형태로 오히려 시공을 뛰어넘어 성공적으로 실행되고 있다. 코로나19는 우리가 꺼려하던 커뮤니케이션을 어쩔 수 없이 시도하게 만들었고, 새로운 시도가 이제는 더 익숙한 커뮤니케이션 방법으로 자리 잡게 되었다.

● B2B 디지털 마케팅 세미나 - 삼성SDS

새로운 커뮤니케이션 방식의 익숙함은 기업의 세미나 방식에도 큰 변화를 가져왔다. 국내 디지털 마케팅 행사 중 하나인 '디지털 마케팅 서밋 2021'의 경우는 온·오프라인을 동시에 추진하여 참가자가 원하는 방식을 선택하여 참석할 수 있도록 세미나를 진행하였다.

디지털 마케팅 서밋 2021의 주요 구매자는 '디지털 마케팅'에 관심이 있는 모두다. 그렇지만 2일간 티켓 가격이 약 90만 원이기 때문에 그리고 평일 진행을 고려해볼 때 주요 구매층은 '기업에 종사하는 마케터'로 추정해볼 수 있다. 즉 일종의 B2B 비즈니스이며 세미나를 주최하는 목적은 세미나를 통한 수익 창출이다.

이와 조금 다르게 IT 솔루션 기업인 삼성SDS는 'REAL 2021'이라는 제목으로 21년 9월 온라인 전용 컨퍼런스를 무료로 개최하였다. 핵심 주제는 디지털 트랜스포메이션으로 삼성SDS가 직접 경험한 D.T, 보안, 물류, 고객경험 등 다양한 사례를 다루었다. 유료로 개최했다고 하더라도 비용 내고 들을 만한 양질의 컨퍼런스임에도 무료로 열렸다. 통상 이와 같은 B2B 기업의 세미나는 핵심고객에게 초청메일을 보내고, 호텔을 예약하여 고객사의 주요 인력만 이 세미나에 참석할 수 있는 경우가 많다. 즉 참석하는 사람은 고객사의 IT, 마케팅, 기획 등 B2B 비즈니스에 직접 영향을 미치거나 의사결정을 할 수 있는 사람으로 주로 구성된다.

즉 마케팅을 하는 B2B 기업이 소수의 고객을 중심으로 초대하다 보니 고객 관리 중심의 마케팅 커뮤니케이션에 그친다. 그런데 Real 2021과 같이 거래하고 있는 고객을 넘어서 대중을 상대로 무료 '라이브 웨비나'를 실행함으로써 상당히 넓은 범위에서 잠재고객을 확보하는 기회를 얻을 수 있게 되었다.

단순히 웨비나를 열었다는 것을 넘어서 디지털 마케팅의 여정을 잘 설계한 마케팅 커뮤니케이션이었다. 첫째, 네이버와 같은 대형 플랫폼을 통하여 'Real 2021' 웨비나를 홍보하였다. 그래서 넓은 범위의 잠재고객에게 세미나 행사를 알렸다. 둘째, 온라인 라이브 웨비나를 듣기 위해서는 '이메일과 이름'을 입력해야 하므로 세미나를 신청하는 잠재고객의 이메일을 확보하였다. 셋째, 라이브 웨비나가 진행되어 실시간으로 신청자가 참석 가능하게 만들었다. 이커머스에서도 라이브 시장이 크고 있는 것처럼 사람들은 이미 라이브를 통한 실시간 영상 시청에 익숙해져 있으며, 양질의 콘텐츠를 놓치고 싶지 않다는 느낌을 주어 참석률을 높일 수 있다. 넷째, 웨비나가 완료된 후 신청자의 이메일로 '다시 보기'를 할 수 있는 링크를 보내었다. 이는 행사가 끝난 후 삼성SDS가 잊힐 때쯤 행사에 대한 리마인드를 시키면서 삼성SDS에 대해 한 번 더 상기시키는 효과를 내었다. 그리고 이 링크는 삼성SDS 홈페이지 내의 '이벤트' 카테고리로 연결되어 있어, 삼성SDS의 미디어로 잠재고객을 유입시켜 홈페이지를 한 번 더 둘러볼 수 있도록 만들었다. 그리고 홈페이지의 다시보기를 누르면 삼성SDS의 유튜브 채널로 연결된다. 즉 잠재고객은 '이메일 정보'를 활용하여 고객들이 자사의 '홈페이지'와 '유튜브 채널'로 유입시켜 자사의 콘텐츠를 반복 노출시켰다.

다섯째, 신청자 메일을 활용하여 자사의 뉴스레터를 구독하라는 광고 메일을 송부한다. 아마도 'Real 2021' 세미나 또는 삼성SDS를 잘 모르는 기업의 담당자가 이 같은 광고성 메일을 받았다면 열어보지도 않고 삭제할 확률이 높을 것이다. 그러나 'Real 2021' 세미나를 신청부터 참석 그리고 '다시보기'를 이어가는 과정에서 삼성SDS라는 기업의 홈페이지와 유튜브 채널을 통해서 많은 고객 경험 포인트가 발생한 뒤에는 반응이 다를 수밖에 없다. 즉 마케팅을 주최하는 기업에게 잠재고객은 '친밀감'을 느낄 수밖에 없도록 만들었다.

뉴스레터를 구독하는 순간 삼성SDS에게는 1개 기업의 잠재고객을 확보하게 된 것이며 비즈니스 기회발굴 확률이 높아진다. 이렇게 삼성SDS는 디지털 트랜스포메이션을 리딩하고 있다는 메시지를 여러 기업에 알렸으며, 잠재고객으로 비즈니스 기회발굴을 확보하였다.

이런 과정을 오프라인에서 진행했다면 오프라인 세미나, 전시회의 비용 투입, 그리고 받은 명함을 하나하나 수기로 작성하여 이메일을 보내야 한다. 많은 전시회 부스 중 자사를 방문한 기억조차 못하는 사람에게 '이메일'을 보내는 것과는 전혀 다른 고객 경험을 만든 점에서 바로 디지털 마케팅 커뮤니케이션의 성공적인 예라고 할 수 있다.

고객 중심 커뮤니케이션 :
배달의민족 _____

오랜 기간 거래하던 기업의 고객은 여전히 새로운 커뮤니케이션 방식인 디지털 마케팅이 불편할지도 또는 필요 없다고 느낄지도 모른다. 그렇지만 시간은 흐르고 새로운 트렌드라고 느끼던 것들을 당연하게 받아들이는 세상은 반드시 온다. 불과 10여년 전에 탄생한 스마트폰이 그러했으며, 엔진의 공식을 깨트려버린 전기차 또한 당연한 것으로 자리 잡아가고 있다.

조직의 담당자도 세상이 변하는 것처럼 조금씩 바뀐다. 10년 이상 고객 접점에서 영업을 해온 담당자들은 고객사의 담당자 변화 때문에 영업에 어려움을 겪고 있다고 토로한다. 왜냐하면 고객사의 담당자가 Z세대인 신입사원으로 조금씩 바뀌고 있기 때문이다. Z세대는 디지털 네이티브로서 '대면' 상황보다는 '비대면' 상황의 이메일, 유선통화, 메신저를 활용한 커뮤니케이션에 더 익숙한 세대다.

또한 공과 사를 철저히 구분하여 업무 외적으로 사적인 커뮤니케이션을 꺼리기 때문에 기존의 관계와 의리를 중시했던 영업이 전혀 통하지 않게 되었다는 의미다. 그래서 과거에 대면 상황에서 영업을 잘 했던 영업사원이 점점 영업하기 힘들어졌다. 바로 커뮤니케이션을 하는 상대방인 '고객'에게 과거의 커뮤니케이션 방식이 통하지 않기 때문이다.

연애를 잘 못하는 사람은 항상 '자신이 부족해서'라고 말하며 원인을 나에게서 찾는다. 그런데 연애를 잘 하는 사람은 '그냥 상대방이 좋아하는 것을 해줬을 뿐이야'라고 하면서 상대방의 관점을 이야기한다. 언제나 비즈니스의 답은 '내'가 아니라 '고객'에게 있다.

커뮤니케이션 또는 의사소통은 '사람들 간에 생각이나 감정 등을 교환하는 총체적인 행위'이다. 또는 '가지고 있는 생각이나 뜻이 서로 통하는 것' 정도로 정의된다. 무엇인가 '통한다' 그리고 '교환한다'는 과정은 한쪽이 '일방적'으로 말하거나 전달할 때는 이루어지지 않는다. 왜냐하면 일방적인 메시지는 상대방이 듣고 싶은 메시지가 아닐 확률이 높다. 특히 어떤 이익과 목적을 추구하는 커뮤니케이션은 더더욱 일방적일 확률이 높다. 바로 내가 얻어야 하는 '목적' 때문에 상대방에 대한 고민이 줄어들기 때문이다. 기업에서의 목적을 가진 커뮤니케이션은 '마케팅 커뮤니케이션'이며, 특정 목적을 위하여 고객이 듣고 싶지 않은 메시지, 채널, 콘텐츠를 전달하는 것은 혹시 아닐까? 하는 생각을 놓치지 말아야 한다.

● 이끌거나, 따르거나, 떠나거나

배달시장의 약 66%(글로벌빅데이터연구소, 2021년 1월 기준)를 차지하고 있는 배달의민족은 이제 베트남까지 진출했다. 독일기업인 '딜리버리 히어로'에 인수합병되면서 더 이상 배달의 민족이 아니라 게르만의 민족이라는 조롱을 듣기는 하지만 배달의민족은 시장 진입 초기 상당한 팬덤을 가진 기업이었다. 최초로 치킨 맛을 감별하는 '치믈리에' 자격시험을 도입하였으며, '민트' 컬러와 재치 있는 카피가 포함된 굿즈 판매, CEO의 자녀 이름을 딴 '서체'까지 기존의 기업이 시도하지 못하던 것들을 실행했다.

그뿐만 아니라 독특한 조직문화로도 유명하다. 대표적인 조직문화의 예로는 '송파구에서 일 잘하는 방법 11가지'로 몇 가지 소개하면, "2번 업무는 수직적, 인간적인 관계는 수평적" "4번 잡담을 많이 나누는 것이 경쟁력이다" "5번 개발자가 개발만 잘하고, 디자이너가 디자인만 잘하면 회사는 망한다"와 같이 위트 있지만 날카로운 규정들이 조직 문화로 자리잡았다.

이 중 가장 인상 깊은 카피는 11번이다. "솔루션 없는 불만만 갖게 되는 때가 회사를 떠날 때다"이며 그 옆에 작은 글씨로 "이끌거나, 따르거나, 떠나거나"라는 멘트도 깨알같이 적혀 있다. 이유없는 불만을 가지지 말고, 당신이 변화를 '이끌거나' 그게 안 되면 이끄는 사람을 '따르거나' 만약 그렇게도 못하겠으면 회사를 '떠나라'라는 말이다.

지금 B2B 비즈니스를 하는 기업은 이 말을 한 번쯤은 되새겨봐야 한다. 모든 산업 전반에 대하여 '디지털 전환'이 가속화되고 있는 지금, 우선 필요한 것은 변화를 읽는 것이다. 모든 경쟁사가 디지털 마케팅을 실시한다고 해서 목적 없이 따라해서는 안 된다. 자사가 디지털 마케팅으로 시장을 이끌거나 주도할 수 없다면 우선 변화를 읽어야 한다. 그리고 변화를 읽어야 하는 대상의 1순위는 바로 '고객'이다. 우리의 B2B 고객은 어떻게 디지털 전환을 실행하고 있는지, 그들의 구매 방식, 그들의 협력사 관리와 접촉 방식, 정보를 얻는 방식이 어떠한지를 읽어야 한다.

B2B 비즈니스가 성장을 하려면 고객이 잘 되어야 한다. 어쩔 수 없이 B2B 비즈니스는 고객 기업과 함께 성장할 수밖에 없는 연결 고리를 가지고 있다. 결국 모든 답은 '고객'에게 있으며 '고객의 경험'과 '고객의 변화'를 중심으로 디지털 마케팅 방향을 수립한다면 코로나19와 디지털 전환이라는 폭풍 같은 변화를 잘 이겨낼 수 있을 것이다.